北大版留学生本科汉语教材·语言技能系列

# 汉语 上册 生词和练习
（第二版）
# 中级听力教程

Chinese Intermediate Listening Course

中国語中級ヒアリングテキスト

중국어 중급 청력 교정

刘元满　王　玉　编著

图书在版编目(CIP)数据

汉语中级听力教程. 上册 /刘元满,王玉编著.—2版.—北京:北京大学出版社,2004.8
(北大版留学生本科汉语教材·语言技能系列)
ISBN 978-7-301-07697-2

Ⅰ.汉…　Ⅱ.①刘…②王…　Ⅲ.汉语–听说教学:对外汉语教学–教材
Ⅳ.H195.4

中国版本图书馆CIP数据核字(2004)第076389号

| | |
|---|---|
| 书　　　　名: | 汉语中级听力教程(上册) |
| 著作责任者: | 刘元满　王　玉　编著 |
| 责 任 编 辑: | 宋立文 |
| 标 准 书 号: | ISBN 978-7-301-07697-2 |
| 出 版 发 行: | 北京大学出版社 |
| 地　　　　址: | 北京市海淀区成府路205号　100871 |
| 网　　　　址: | http://www.pup.cn |
| 电 子 邮 箱: | zpup@pup.cn |
| 电　　　　话: | 邮购部 010-62752015　发行部 010-62750672　出版部 010-62754962　编辑部 010-62752028 |
| 印 刷 者: | 北京虎彩文化传播有限公司 |
| 经 销 者: | 新华书店 |
| | 787毫米×1092毫米　16开本　16.5印张　250千字 |
| | 2004年8月第2版　2024年7月第8次印刷 |
| 定　　　　价: | 60.00元(上册全2册) |

未经许可,不得以任何方式复制或抄袭本书之部分或全部内容。
版权所有,侵权必究　举报电话:010-62752024
电子邮箱:fd@pup.cn

# 编写说明

本教程是原《汉语中级听力教程》的修订本,编写原则与思路在第一版基础上有所拓展和完善,课文的话题也全部作了调整与更新。

一、编写原则

本教程的教学对象是已经具有初级汉语水平,掌握了汉语甲级词和部分乙级词(1500～2000个词)的中级学生。

应该说学生在"听"的方面的进步并不只是靠听力这样一种课程来解决的,但听力课程却能够在"听"的方面集中训练,使学生能够熟悉一般所接触到的靠"听"来接收的信息,掌握一些"听"的技巧,从而提高"听"的能力。由于听力本身的特点,课文长、生词量大都会引起疲劳,兴奋度下降,从而影响到学习效率甚至学习热情。因此本教程在课文长度和生词数量上予以有效的控制;课文内容力求新颖、丰富,同时又与学生生活内容接近,突出其实用性。

二、体例设计

本教程分上下两册(每册又分为"课文""生词和练习"两个分册),各15课,适合4学时/课;每课由生词、攻克生词、课文、练习、补充练习、快速朗读的课文等六个部分组成。

1. 生词

每课生词控制在25个左右,收部分乙级词(虚词及用法比较复杂的形容词和动词)以及个别丙级以上的词。

2. 攻克生词

此为本书的一个重要特色。每课均有15个需要重点理解的词语,出现在常用的自然语句中(主要为单句),希望能够贯彻句本位原则,使学生通过听来理解词义,并理解句子的真正含义。

3. 课文

上册课文一般在600字以内,下册一般也在700字以内。

上册课文内容可分为三类:第一类为学生常常接触到的事务性活动;第二类为学生日常生活内容;第三类为较深一些的话题,突出知识性、讨论性。课文有对话和文章两种形式,对话为作者自编,文章则有原文作为依据,以训练学生的多种适应能力。下册相应增加了讨论性话题内容。另外,我们认为新闻听力的任务一般由其他课程完成,因此新闻听力不是本教程的重点。

4. 练习

本教程以精听为主,练习类型以客观性问题居多,如判断正误、填空等。一般的问句为:"这句话是什么意思""下面哪句话正确""说话人是什么态度""根据这句话,我们可以知道什么"等。所有的问题选项都有四个,答案是唯一的。

我们希望教师在授课时不必拘泥于"听",也可以采用说的形式。特别是学生在选择了错误答案时,用讨论的方式,将课文中的显性信息和隐性信息找出来,引导学生向正确答案靠近,这样的效果会更好一些。

5. 补充练习

本书除课文练习外,还增加了补充练习,与HSK形式一致,主要取课文中出现的惯用语、句式,然后展开,有单句及男女对话形式,要求学生通过选项回答问题。每课有四到五个这样的补充练习。

6. 轻松一刻

下册中增加这一内容,可作为泛听材料。

## 三、关于录音

本教程每课都先有一个完整的正常语速朗读的课文录音,然后是分段精听,最后有一个完整的快速朗读的课文录音,使学生能够对所学内容再一次重新整理。

本教程生词部分配有英、日、韩文翻译,上册分别由齐文鸿、高邑勉、卢喜善承担,下册分别由周克、高邑勉、卢喜善承担。本教程是在郭荔女士的督促之下才终于运作成功的,李红印老师参与了前期的筹划工作,编辑宋立文则以其良好的专业修养对本书进行修改、校正,提出了很多好建议。在此,我们对以上人士表示衷心的感谢。

我们希望本书实用、好用,也期待着大家能对本书提出批评和建议,以便我们进一步改进。

编　者

# 目 录

| | | |
|---|---|---|
| 第 一 课 | 到校园参观一下 ………………………………………… | 1 |
| 第 二 课 | 天气预报 ……………………………………………………… | 8 |
| 第 三 课 | 前往福州的乘客请注意 …………………………………… | 15 |
| 第 四 课 | 有没有空房间？ ……………………………………………… | 22 |
| 第 五 课 | 请您留个联系电话 ………………………………………… | 29 |
| 第 六 课 | 钱花到哪去了？ ……………………………………………… | 34 |
| 第 七 课 | 你也有这个爱好？ ………………………………………… | 40 |
| 第 八 课 | 到外面租间房 ……………………………………………… | 46 |
| 第 九 课 | 买二手的多合适 …………………………………………… | 52 |
| 第 十 课 | 便宜真的没好货吗？ ……………………………………… | 58 |
| 第十一课 | 还不如不买车呢 …………………………………………… | 63 |
| 第十二课 | 保护动物　保护环境 ……………………………………… | 69 |
| 第十三课 | 什么人说话最多？ ………………………………………… | 75 |
| 第十四课 | 谈谈休闲食品 ……………………………………………… | 81 |
| 第十五课 | 气候与人类的生活 ………………………………………… | 87 |

词汇总表 ……………………………………………………………… 93

# 第一课  到校园参观一下

## 生 词

| | | | |
|---|---|---|---|
| 1. 位于 | wèiyú | be located; positioned; situated | にある<br>에 위치하다 |
| 2. 正门 | zhèngmén | main entrance | 正門<br>정문 |
| 3. 与…相对 | yǔ…xiāngduì | opposite to | と向かいあう<br>와 마주보다 |
| 4. 中式建筑 | zhōngshì jiànzhù | Chinese style architecture | 中国式建築物<br>중국식(풍) 건물 |
| 5. (两)侧 | (liǎng)cè | (both) sides | (両)側<br>(양)측, 쪽 |
| 6. 绕 | rào | go/circle around | 迂回する<br>를 돌다(우회하다) |
| 7. 沿 | yán | along | 沿う<br>을 따라 |
| 8. 优美 | yōuměi | elegant; beautiful | 優美な<br>아름답다 |
| 9. (对)岸 | (duì)àn | the other side of the river | (対)岸<br>(맞은편) 기슭 |
| 10. 塔 | tǎ | tower | 塔<br>탑 |
| 11. 标志 | biāozhì | sign; symbol | シンボル<br>상징 |

| | | | |
|---|---|---|---|
| 12. 教学区 | jiàoxuéqū | teaching area | 授業が行われる地区<br>강의실 구역(교내 강의실 건물이밀집해 있는 지역) |
| 13. 拐 | guǎi | turn | 曲がる<br>(방향을)틀다, 돌다 |
| 14. (紧)挨 | (jǐn)āi | (closely) adjacent to; next to | (ぴったりと)隣りあう<br>(바싹) 붙다, 아주 가까이 있다 |
| 15. 广告 | guǎnggào | advertisement | 広告<br>광고 |
| 16. 顺 | shùn | follow | に沿って<br>를 따라 |
| 17. 总面积 | zǒng miànjī | total surface area | 総面積<br>총면적 |
| 18. 坐东朝西 | zuò dōng cháo xī | face west | 玄関が西向きに建っている<br>동쪽을 등지고 서쪽을 향하고 있다. |
| 19. 隔 | gé | separate | 隔てる<br>사이에 두다(끼다) |
| 20. 草坪 | cǎopíng | lawn | 芝生<br>잔디밭 |
| 21. 栋 | dòng | *measure word, quantifier for buildings* | 棟(家屋・建物を数える量詞)<br>동, 채 (건물을 세는 양사) |
| 22. 穿过 | chuānguò | cross; pass through | 横切る<br>통과하다, 지나가다 |
| 23. 荷花 | héhuā | lotus flower | 蓮(はす)の花<br>연꽃 |

| 24. 盛开 | shèngkāi | in full bloom; blossom | 満開である<br>활짝 피다, 만발하다 |
| 25. 大型 | dàxíng | large-size | 大型の<br>대형 |
| 26. 健美 | jiànměi | strong and handsome;<br>vigorous and graceful | ボディービル<br>헬스 기구를 이용해<br>근 육을 키우는 운동 |

## 攻克生词

1. A. 路边 　　　　　　　　　　B. 河边
2. A. 在咖啡馆旁边 　　　　　　B. 在咖啡馆对面
3. A. 第八名 　　　　　　　　　B. 第十名
4. A. 工厂在他家和学校中间 　　B. 他家在工厂里
5. A. 能 　　　　　　　　　　　B. 不能
6. A. 有名 　　　　　　　　　　B. 不太有名
7. A. 参加的人很多 　　　　　　B. 时间很长
8.

   A. A 　　　　　　　　　　　　B. B
9. A. 应该去 　　　　　　　　　B. 不应该去
10. A. 路口就在前边 　　　　　　B. 路口在右侧
11. A. 小路很好走 　　　　　　　B. 小路近

12. _____

    A. 甲                                B. 乙

13.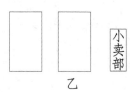

    A. 甲                                B. 乙

14. 坐北朝南的房子很容易卖,坐东朝西的就差一点。

    A. 甲                                B. 乙

15. A. 不太容易                    B. 很容易

## 练 习

一、听第一遍课文,说说你听到了下列哪些地方:

    未名湖       办公楼       学一食堂
    第二体育馆   物理系       历史系
    学生宿舍     大讲堂       理科教学楼
    文科教学楼   图书馆

二、听第二遍课文，在地图上按听到的顺序给建筑物和其它地方标上1、2、3、4……的数字：

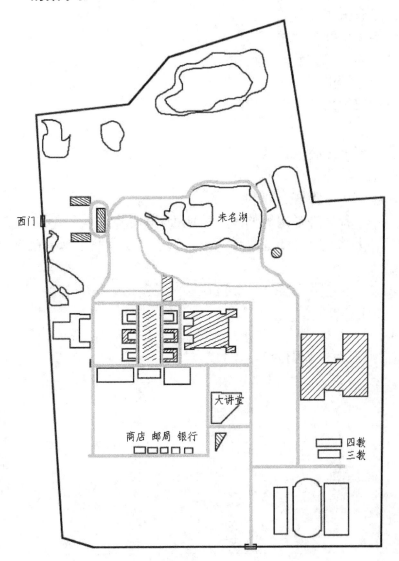

三、听第三遍课文，写出这些地方的名字：

1. _____   2. _____   3. _____   4. _____
5. _____   6. _____   7. _____   8. _____
9. _____   10. _____  11. _____  12. _____

## 四、根据课文内容判断正误：

1. 西门是最主要的门。
2. 未名湖边有很多参观的人。
3. 理科教学楼全都是教室。
4. 三角地有商店、邮局和银行。
5. 俄文楼西边湖里有荷花。
6. 第一体育馆和第二体育馆里面都可以打篮球。

## 五、跟读句子并填上正确的词语：

1. 与西门相对的那座_____建筑叫办公楼。
2. 对岸那座塔叫博雅塔，它是北大的_____。
3. 紧_____着大讲堂南侧的是三角地，那里贴着很多广告和消息。
4. 图书馆在北大的中心位置，总_____超过5万平方米，有530多万册图书。
5. 室外是_____运动场，可以进行各种比赛。

## 六、补充练习：

1和2题根据下面这幅图回答：

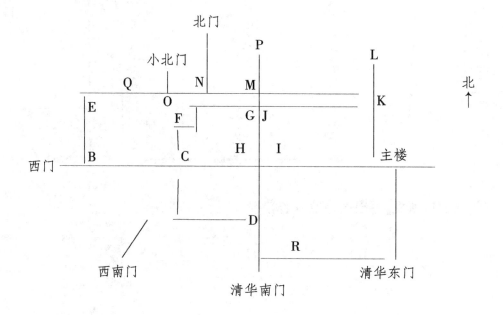

1. A. G    B. M    C. J    D. K

2. A. O    B. E    C. F    D. C

3. A. 小路里面第三家    B. 十字路口东南第三家
  C. 中间的一家后门旁边    D. 中间的那家左边

4. A. 这两个村庄都没有公路    B. 两个村子中间有山
  C. 小路太远    D. 火车影响了公路

**七、请听用快速朗读的课文。**

## 第二课 天气预报

### 生 词

| | | | |
|---|---|---|---|
| 1. 天气预报 | tiānqìyùbào | weather forecast | 天気予報<br>일기예보 |
| 2. 播送 | bōsòng | broadcast; transmit | 放送する<br>방송하다 |
| 3. 气象台 | qìxiàngtái | weather station | 気象台<br>기상대 |
| 4. 发布 | fābù | announce | 発表する<br>발표하다 |
| 5. 预计 | yùjì | predict; estimate | 見込む、見通す<br>예상하다 |
| 6. 良 | liáng | good | 良い<br>좋다, 양호하다 |
| 7. 阵雨 | zhènyǔ | occasional shower | にわか雨<br>소나기 |
| 8. 雷阵雨 | léizhènyǔ | thundershower | 雷を伴うにわか雨<br>천둥과 번개를 동 반한 소나기 |
| 9. 明显 | míngxiǎn | obvious | 明らかに<br>현저히, 분명하다 |
| 10. 偏 | piān | inclined | ちょっと、わずかに<br>치우치다, 쏠리다, 기울다 |
| 11. 城区 | chéngqū | urban | 市街地<br>시내(교외를 제외한 지역) |

| | | | |
|---|---|---|---|
| 12. (摄氏)度 | (shèshì)dù | (Celsius) degree(s) | ℃<br>(섭씨)~도, ~°C |
| 13. 下降 | xiàjiàng | descend; drop | 下がる<br>내려가다, 떨어지다 |
| 14. 随着 | suízhe | along with; follow; followed by | につれて<br>에 따라서 |
| 15. 凉意 | liángyì | chilliness | 涼しさ<br>쌀쌀함, 서늘함 |
| 16. 后期 | hòuqī | later stage | 後期<br>후반 |
| 17. 回升 | huíshēng | rise again | 再度上昇する<br>다시 오르다 |
| 18. 接近 | jiējìn | approach; near; close | 近づく<br>에 가깝다 |
| 19. 正常 | zhèngcháng | normal | 正常な<br>정상(적)이다 |
| 20. 转 | zhuǎn | turn | 変わる(天気予報では、"のち")<br>(점차)…해 지다 |
| 21. 多云 | duōyún | cloudy | 曇り空(雲間に空が見える)<br>구름이 많다 |
| 22. 降水概率 | jiàngshuǐ gàilǜ | probability of rainning | 降水確率<br>비 올 확률 |
| 23. 收看 | shōukàn | to watch (TV shows, etc.) | 視聴する<br>시청하다 |
| 24. 迎(来) | yíng(lái) | to greet; welcome | 迎える<br>맞이하다, 맞다 |
| 25. 南下 | nánxià | go (down) south | 南下する<br>남쪽으로 내려가다 |

| 26. 保暖 | bǎonuǎn | keep warm | 防寒<br>보온하다 |
| 27. 雨夹雪 | yǔjiāxuě | a mix of rain and snow | 霙(みぞれ)<br>진눈깨비 |
| 28. 雾 | wù | fog | 霧<br>안개 |

## 攻克生词

1. A. 南边　　　　　　　　　B. 北边
2. A. 结束了　　　　　　　　B. 没有
3. A. 电视上的　　　　　　　B. 收音机里的
4. A. 电视上　　　　　　　　B. 晚会上
5. A. 雨下的时间不长　　　　B. 雨下得不大
6. A. 超过300人　　　　　　 B. 不到300人
7. A. 瘦了一点　　　　　　　B. 瘦了很多
8. A. 比以前好　　　　　　　B. 比以前差
9. A. 再往上一点　　　　　　B. 再往下一点
10. A. 没问题　　　　　　　　B. 有一点问题
11. A. 比原来好　　　　　　　B. 比原来差
12. A. 看电视　　　　　　　　B. 听朋友说
13. A. 因为关系发展了,所以在一起的时间长了
    B. 因为在一起的时间长,所以关系发展了
14. A. 可以　　　　　　　　　B. 不可以
15. A. 可能下雨　　　　　　　B. 可能不下雨

 练　习

一、听北京市天气预报：

　　(一) 回答下列问题：
　　　　1. 这是哪个时间段的天气预报?
　　　　2. 你听到了哪些关于天气的词?

(二) 选择正确答案：
　　1. A. 变好　　　　　　　　B. 变得差一点
　　　 C. 变得非常不好　　　　D. 没变化

　　2. A. 三级　　　　　　　　B. 轻度污染
　　　 C. 良　　　　　　　　　D. 没有说

　　3. A. 东南风　　　　　　　B. 西北风
　　　 C. 偏北风　　　　　　　D. 东北风

　　4. A. 全市都在下雨　　　　B. 全天都在下雨
　　　 C. 比前几天热　　　　　D. 已经是秋天了

　　5. A. 19度　　　　　　　　B. 20度
　　　 C. 21度　　　　　　　　D. 23度

　　6. A. 明天接着下雨　　　　B. 本周后期会很热
　　　 C. 本周后期会越来越冷　D. 本周后期会比今天暖和

　　7. A. 全市都下雨　　　　　B. 整夜都下雨
　　　 C. 大部分地区是阴天　　D. 风会比明天小

(三) 跟读句子并填上正确的词语：
　　1. 西北部地区阴转____，____到21度。
　　2. 东北部地区____转____，13到22度。
　　3. 东南部地区____转晴，____到22度。
　　4. 西南部地区阴转____，____到____度。

## 二、听全国天气预报：

(一) 选择正确答案：

1. A. 收音机里的 　　　　B. 电视上的
   C. 报纸上的 　　　　　D. 互联网上的

2. A. 1月　　B. 3月　　C. 7月　　D. 11月

3. A. 最近两周天气差不多　B. 每天都是晴或者多云天气
   C. 不那么冷　　　　　　D. 要下第一场雪

(二) 在给出的位置填上听到的天气：
中国地图

## 三、听城市天气预报：

请在地图相应的城市名称后写上天气和气温：

中国地图

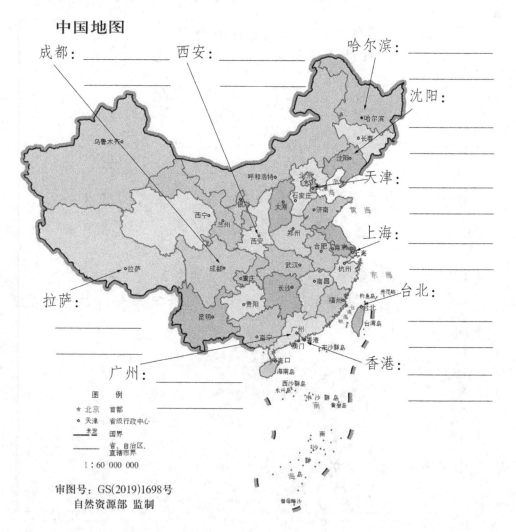

成都：_____

西安：_____

哈尔滨：_____

沈阳：_____

天津：_____

上海：_____

台北：_____

拉萨：_____

广州：_____

香港：_____

审图号：GS(2019)1698号
自然资源部 监制

## 四、补充练习：

1. A. 这个晚会是给毕业生开的

   B. 来参加的人都要交费

   C. 研究生和三年级学生最多

   D. 这是一个和外系同学交流的晚会

2. 问1：A. 一直不好 　　　　　　　B. 越来越冷
　　　 C. 最高9摄氏度 　　　　　 D. 最低9摄氏度

　 问2：A. 最高9摄氏度 　　　　　B. 可能下雪
　　　 C. 空气质量会变好一点 　　D. 没有太阳

　 问3：A. 刮大风 　　　　　　　　B. 空气不好
　　　 C. 没有太阳 　　　　　　　D. 会下小雪

3. 问1：A. 觉得天气预报不准 　　　B. 家很近
　　　 C. 没带伞 　　　　　　　　D. 带伞了

　 问2：A. 没看天气预报 　　　　　B. 不太相信天气预报
　　　 C. 现在天气很好 　　　　　D. 家很近

4. 问1：A. 是足球迷 　　　　　　　B. 家里只有一台电视
　　　 C. 只有周末看球赛 　　　　D. 周末都和爸爸一起看球赛

　 问2：A. 爸爸 　　　　　　　　　B. 妈妈
　　　 C. 哥哥 　　　　　　　　　D. 整个家庭

　 问3：A. 家里人抢电视看 　　　　B. 家里人都是球迷
　　　 C. 受家里人的影响 　　　　D. 家里有两台电视

五、请听用快速朗读的课文。

## 第三课　前往福州的乘客请注意

### 生　词

| | | | |
|---|---|---|---|
| 1. 车辆 | chēliàng | vehicle | 車輛<br>차량 |
| 2. 按 | àn | according to | に従って<br>에 따라 |
| 3. 地铁 | dìtiě | subway | 地下鉄<br>지하철 |
| 4. 运行 | yùnxíng | move; be in motion | 運行する<br>운행하다 |
| 5. 换乘 | huànchéng | transfer (transportation) | 乗り換え<br>환승하다, 갈아 타다 |
| 6. 站台 | zhàntái | platform | プラットホーム<br>플랫폼(platform) |
| 7. 台阶 | táijiē | step | 階段<br>계단, 층계 |
| 8. 抓紧 | zhuājǐn | pay close attention to | しっかり掴む<br>(시간을) 재촉하다, 서두르다 |
| 9. 挤靠 | jǐkào | crowd and lean | もたれ寄りかかる<br>(밀쳐서) 기대다 |
| 10. 正点 | zhèngdiǎn | sharp on time | 定刻<br>정시 |
| 11. 到达 | dàodá | arrive | 到着する<br>도착하다 |

| | | | |
|---|---|---|---|
| 12. 晚点 | wǎndiǎn | be late or behind schedule | 遅刻する<br>연착하다 |
| 13. 沿途 | yántú | throughout a journey | 道中<br>노선에 따라, 노선 대로 |
| 14. 经由 | jīngyóu | through; via; by way of | 経由する<br>경유하다 |
| 15. 终点站 | zhōngdiǎn zhàn | terminal station | 終着駅<br>종착역 |
| 16. 乘坐 | chéngzuò | ride; take | 乗る<br>(탈것에) 타다 |
| 17. 航班 | hángbān | flight | フライトナンバー<br>항공편 |
| 18. 登机 | dēngjī | board | (飛行機の)チェックイン<br>탑승하다 |
| 19. 随身 | suíshēn | take (have) with | 携帯している(手荷物)<br>휴대하다 |
| 20. 物品 | wùpǐn | belongings | 物品、荷物<br>물품 |
| 21. 出示 | chūshì | show; present | 呈示する<br>제시하다 |
| 22. 登机牌 | dēngjīpái | boarding pass | 搭乗券<br>탑승권, 탑승 티켓 |
| 23. 客满 | kèmǎn | fully booked; full capacity | 客で満員である<br>만원이다 |
| 24. 拉杆箱 | lāgǎnxiāng | roller bag | キャリアー付き小型トランク<br>캐리어 |
| 25. 大件 | dà jiàn | large article (luggage) | 大きな(荷物)<br>부피가 큰, 대형 |

| | | | |
|---|---|---|---|
| 26. 免费 | miǎn fèi | free of charge | 無料で<br>공짜로, 무료로 |
| 27. 托运 | tuōyùn | check for shipment | 託送する<br>운송을 맡기다(해주다) |

## 专有名词

1. 福州　　　　　　　　　　Fúzhōu
2. 中央广场　　　　　　　　Zhōngyāng Guǎngchǎng
3. 复兴门　　　　　　　　　Fùxīngmén
4. 西单　　　　　　　　　　Xīdān
5. 南礼士路　　　　　　　　Nán Lǐshìlù
6. 一线地铁　　　　　　　　Yīxiàn Dìtiě
7. 霍营　　　　　　　　　　Huòyíng
8. 济南　　　　　　　　　　Jǐnán
9. 长沙　　　　　　　　　　Chángshā
10. 武昌　　　　　　　　　　Wǔchāng
11. 郑州　　　　　　　　　　Zhèngzhōu
12. 呼和浩特　　　　　　　　Hūhéhàotè
13. 广东　　　　　　　　　　Guǎngdōng
14. 湖南　　　　　　　　　　Húnán
15. 湖北　　　　　　　　　　Húběi
16. 河南　　　　　　　　　　Hénán
17. 河北　　　　　　　　　　Héběi

## 攻克生词

1. A. 飞机场　　　　　　　　B. 火车站
2. A. 公共汽车上　　　　　　B. 地铁上
3. A. 这趟车总是晚到　　　　B. 这趟车总是早到
4. A. 黄山　　　　　　　　　B. 杭州
5. A. 快一点　　　　　　　　B. 别着急
6. A. 飞机上　　　　　　　　B. 火车上
7. A. 自己找　　　　　　　　B. 问老王
8. A. 路上　　　　　　　　　B. 山上
9. A. 上飞机　　　　　　　　B. 下飞机
10. A. 下车　　　　　　　　　B. 上车
11. A. 放在行李里　　　　　　B. 带在身边
12. A. 飞机场　　　　　　　　B. 火车站
13. A. 有　　　　　　　　　　B. 没有
14. A. 门卫　　　　　　　　　B. 学生
15. A. 没花钱　　　　　　　　B. 800元

练　习

一、听通知一,选择正确答案:

1. A. 准备停车　　　　　　　B. 准备开车
   C. 这是第一站　　　　　　D. 到了终点站

2. A. 对刚下车的人　　　　　B. 对车上的人
   C. 对刚上车的人　　　　　D. 对等车的人

二、听通知二,选择正确答案:

1. A. 车上有售票员　　　　　B. 买票不找钱
   C. 可以卖乘车卡　　　　　D. 第一站是中央广场

2. A. 对等车的人 B. 对准备下车的人
   C. 对刚上车的人 D. 对车上的人

三、听通知三,选择正确答案：
1. A. 快到复兴门了 B. 还有两站到复兴门
   C. 停在复兴门 D. 刚离开复兴门

2. A. 人比较多 B. 停车时间比较短
   C. 有两层 D. 可以换乘别的地铁

四、听通知四,选择正确答案：
1. A. 火车 B. 公共汽车
   C. 地铁 D. 出租车

2. A. 不太安全 B. 站台在车的右边
   C. 上车的人很多 D. 下车的人很多

五、听通知五,选择正确答案：
1. A. 21:36 B. 21:46
   C. 21:56 D. 21:57

2. A. 21:57 B. 21:47
   C. 22:07 D. 22:06

六、听通知六,选择正确答案：
1. A. 广州到北京 B. 广州到郑州
   C. 长沙到北京 D. 北京到广州

2. A. 2:58　　　　　　　　　B. 3:06
　 C. 6:29　　　　　　　　　D. 6:37

3. A. 一天一夜　　　　　　　B. 一个晚上
　 C. 两夜一天　　　　　　　D. 一天两夜

七、听通知七，选择正确答案：

1. A. 登机　　　　　　　　　B. 带好东西
　 C. 带好登机牌　　　　　　D. 检查行李

2. A. 不能带的物品　　　　　B. 登机的地方
　 C. 登机的航班　　　　　　D. 飞机到哪儿去

八、听通知八，选择正确答案：

1. A. 乘客不多　　　　　　　B. 托运不要钱
　 C. 拉杆箱可以不托运　　　D. 自己办理托运手续

2. A. 托运的重量　　　　　　B. 托运行李的原因
　 C. 什么东西需要托运　　　D. 托运的费用

九、跟读句子并填上正确的词语：

1. 车辆进站，请您＿＿＿＿＿＿＿＿。
2. 请您先下后上，＿＿＿＿＿＿＿上下车。
3. 请您带好自己的行李、物品，＿＿＿＿＿＿＿＿时间上下车。
4. 正点到达济南站的时间是21点46分，列车现在＿＿＿＿＿＿＿＿10分。
5. 请带好您的随身物品，＿＿＿＿＿＿＿＿登机牌，由27号登机口上飞机。
6. 我们将＿＿＿＿＿＿＿＿为您进行托运，谢谢合作！

十、补充练习：

 1. 问1：A. 飞机上      B. 火车上
    C. 公共汽车上     D. 地铁上

   问2：A. 刚开车的时候   B. 快到站的时候
    C. 开了一半的时候   D. 车停了以后

 2. 问1：A. 下雨       B. 下雪
    C. 飞机出了问题    D. 机场出了问题

   问2：A. 上午       B. 中午
    C. 下午       D. 晚上

   问3：A. 睡觉       B. 买食品
    C. 回家       D. 吃东西

 3. 问1：A. 衣服多      B. 书多
    C. 没有托运     D. 帮同学带行李

   问2：A. 希望男的送她   B. 把一些书送给了低年级同学
    C. 觉得行李不多    D. 喜欢书

   问3：A. 男女朋友     B. 同年级同学
    C. 不同年级的同学   D. 旅客和工作人员

 4. 问1：A. 上班       B. 找人
    C. 听音乐会     D. 参加演出

   问2：A. 走二环比较近   B. 走二环比较快
    C. 女的还没有买到票   D. 女的对路很熟

   问3：A. 直着走      B. 走二环
    C. 不坐这个车了    D. 先直着走再走二环

十一、请听用快速朗读的课文。

## 第四课  有没有空房间？

### 生　词

| | | | |
|---|---|---|---|
| 1. 预订 | yùdìng | subscribe; book; place an order | 予約する<br>예약하다 |
| 2. 转 | zhuǎn | shift; transfer; transmit | 転送する、つなぐ<br>전하다, (전화를)……로 돌리다 |
| 3. 前台 | qiántái | reception desk | フロント<br>프론트 |
| 4. 标准间 | biāozhǔnjiān | standard room | ホテルの標準部屋<br>일반 객실 |
| 5. 稍(等) | shāo(děng) | wait a moment | 少し(待ってください)<br>잠시, 잠깐(기다려 주세요) |
| 6. 单人间 | dānrénjiān | single room | シングルルーム<br>일인실 |
| 7. 套房 | tàofáng | suite (suite room) | スイートルーム<br>스위트 룸 |
| 8. 住宿 | zhùsù | stay; put up; get accommodation | 泊まる<br>묶다, 숙박하다 |
| 9. 黄金周 | huángjīn zhōu | golden week (5/1, 10/1) | ゴールデンウィーク<br>황금 주간(5월1일 노동절 10월1일 국경일 음력 설 등 전후로 한 각각 일 주일 정도의 연휴로 주로 여행에 적절한 시기를 일 컬음) |

| | | | |
|---|---|---|---|
| 10. 赶上 | gǎnshàng | catch up with | に合う<br>(…한 시간·때를) 만나다 |
| 11. 服装节 | fúzhuāngjié | clothing festival | ファッション祭<br>의류 전시회(박람회) |
| 12. 订(满) | dìng(mǎn) | booked (fully) | 予約(で一杯になる)<br>예약하다(예약이 다 차다) |
| 13. 退房 | tuì fáng | check out | チェックアウト<br>퇴실하다, 체크 아웃 하다 |
| 14. 本来 | běnlái | originally | もともと<br>본래, 원래 |
| 15. 到底 | dàodǐ | after all; in the end | いったい、そもそも<br>도대체, 결국 |
| 16. 填 | tián | fill in; complete | 書き込む<br>기입하다 |
| 17. 单子 | dānzi | form | 宿泊登録カード<br>표, 카드 |
| 18. 早餐券 | zǎocānquàn | breakfast coupon | 朝食券<br>조찬(아침식사) 쿠폰 |
| 19. 招待所 | zhāodàisuǒ | guesthouse | (企業、役所などの)宿泊所<br>초대소(관공서·학교·공장 등의 숙박 시설) |
| 20. 床位 | chuángwèi | bed | ベッド<br>침상 |
| 21. 带 | dài | take; bring | 備える<br>달려 있다, 붙어 있다 |
| 22. 卫生间 | wèishēng jiān | toilet; rest room | 浴室・トイレ<br>화장실 |
| 23. 浴室 | yùshì | bathroom; shower room | バスルーム<br>욕실 |
| 24. 供应 | gōngyìng | supply | 提供する<br>제공하다, 공급하다 |

| 25. 多退少补 | duō tuì shǎo bǔ | refund or pay based on the difference between the actual cost/spending and the prepaid deposit | 先に支払ったお金を後で清算する<br>선금을 지불한 후에, 결재시 잔액을 손님에게 환불하고, 초과요금을 더 지불케하는 계산 방식. |
| 26. 加收 | jiāshōu | additional charge | 追加料金を課す<br>(요금을) 추가로 받다 |
| 27. 闹了半天 | nàole bàntiān | hustle and bustle for a long time | 結局のところ<br>알고보니, … |

## 攻克生词

1. A. 明天　　　　　　　　　　B. 下周三
2. A. 他们要离开　　　　　　　B. 他们刚来
3. A. 两个　　　　　　　　　　B. 三个
4. A. 足球比赛前天开始了　　　B. 足球票已经开始卖了
5. A. 以前不知道她们是姐妹　　B. 不相信她们是姐妹
6. A. 他一般在学校吃饭　　　　B. 他和这家人一起吃饭
7. A. 在花园里　　　　　　　　B. 有花园
8. A. 不要去这个饭店　　　　　B. 早点去这个饭店
9. A. 215元　　　　　　　　　 B. 230元
10. A. 去帮他们包饺子　　　　　B. 不知道他们那天包饺子
11. A. 宾馆服务员　　　　　　　B. 开学报到时的工作人员
12. A. 喜欢这个孩子　　　　　　B. 有点受不了
13. A. 还是一百块　　　　　　　B. 要拿回一些钱
14. A. 茶水　　　　　　　　　　B. 开水
15. A. 她哥哥　　　　　　　　　B. 李芳华

## 练 习

一、听第一个对话：

(一) 简单回答下列问题：

1. 这是什么人之间的对话？

2. 他们在说什么事？

(二) 选择正确答案：

1. A. 一个标准间  B. 两个单人间
   C. 两个标准间  D. 一套套房

2. A. 标准间   B. 单人间
   C. 套房    D. 什么都可以

3. A. 一套套房   B. 两个单人间
   C. 一个标准间  D. 没有订

二、听第二个对话：

(一) 简单回答下列问题：

1. 客人预订过房间吗？

2. 有几位客人要来住宿？

3. 这里还剩下什么房间？

(二) 选择正确答案：

1. A. 现在是黄金周  B. 现在是节日
   C. 这里在开一个会议 D. 这里在搞一个活动

2. A. 找一个人一起住标准间 B. 只住一天标准间
   C. 以后换房间 D. 等有单人间时再来

3. A. 有个客人今天要走 B. 有个客人今天可能要走
   C. 今天没有客人要走 D. 有个客人明天才走

4. A. 很便宜 B. 可以送到房间
   C. 不吃可以退钱 D. 不要钱

三、听第三个对话：

(一) 简单回答下列问题：

1. 有几位客人要住宿？

2. 客人住了什么样的房间？

3. 这个招待所条件怎么样？

(二) 选择正确答案：

1. A. 贵两倍 B. 贵一倍
   C. 跟其他一样 D. 便宜一点

2. A. 每天两次 B. 每天三次
   C. 每天6点到9点 D. 24小时都开

3. A. 24小时有热水 B. 按季节供应热水
   C. 按时间供应热水 D. 没有热水

4. A. 住几天就先付几天的钱 B. 必须先付一天的钱
   C. 提前走可以退钱 D. 提前走不退钱

5. A. 已经有了一个人 　　　　B. 刚刚走了一个人
   B. 里面还没有人 　　　　　D. 可以再住一个人

6. A. 冬天 　　　　　　　　　B. 夏天
   C. 秋天 　　　　　　　　　D. 春天

**四、跟读句子并填上正确的词语：**

1. 23号到29号_____已经订完了，还有两个单人间和两套套房。
2. 您好！要_____吗？
3. 不过正好_____我们这儿有一个服装节。
4. 会不会有人_____呢？
5. 他到底走不走，现在_____。
6. 可以，您____一下单子。
7. _____24小时供应热水吗？
8. _____，只要您在中午12点前退房就可以。

**五、补充练习：**

1. 问1：A. 饭店 　　　　　　　B. 商店
       C. 电脑教室 　　　　　　D. 办公室

   问2：A. 一定要买 　　　　　B. 不买
       C. 不一定买 　　　　　　D. 下次来再买

2. 问1：A. 马上要到春节了 　　　B. 马上要到国庆节了
       C. 一直很难买 　　　　　D. 这趟火车没有卧铺

   问2：A. 坐飞机去 　　　　　B. 坐火车去
       C. 不去了 　　　　　　D. 还没有决定

3. 问1：A. 博士生 　　　　　　B. 硕士生
       C. 大学生 　　　　　　D. 公司职员

   问2：A. 经济条件不太好 　　B. 想马上工作
       C. 决定继续读书 　　　D. 没有得到奖学金

4. 问1：A. 很美　　　　　　　　B. 很小
　　　 C. 很像　　　　　　　　D. 很差

   问2：A. 猴子打架　　　　　　B. 美人跳舞
　　　 C. 美人与月亮　　　　　D. 猴子与月亮

   问3：A. 男的觉得自己的画非常好
　　　 B. 女的觉得他的画非常美
　　　 C. 女的欣赏水平太低
　　　 D. 男的画得很不认真

5. 问1：A. 很便宜　　　　　　　B. 很好吃
　　　 C. 种类比较多　　　　　D. 可以不带碗

   问2：A. 食堂比饭店好　　　　B. 饭店比食堂好
　　　 C. 食堂和饭店一样好　　D. 食堂和饭店一样差

   问3：A. 喜欢吃食堂　　　　　B. 以为女的不怕洗碗
　　　 C. 打算请女的去饭店吃饭　D. 挣钱很多

   问4：A. 同事　　　　　　　　B. 师生
　　　 C. 同学　　　　　　　　D. 服务员和顾客

六、请听用快速朗读的课文。

## 第五课　请您留个联系电话

## 生　词

| | | | |
|---|---|---|---|
| 1. 客户服务中心 | kèhù fúwù zhōngxīn | customer service center | お客様サービスセンター<br>고객 서비스 센터 |
| 2. 总部 | zǒngbù | headquarters | 本部<br>본사 |
| 3. 登记 | dēngjì | register | 登録<br>등록하다 |
| 4. 记录 | jìlù | record | 記録する<br>기록하다, 쓰다 |
| 5. 直拨 | zhíbō | directly dial | 直接ダイヤルする<br>바로(직통으로) 걸다 |
| 6. 分机 | fēnjī | extension | 内線<br>내선 전화(번호) |
| 7. 拨 | bō | dial | ダイヤルする<br>걸다, 누르다 |
| 8. 维修 | wéixiū | maintain; keep in (good) repair | 修理<br>수리(하다) |
| 9. 部门 | bùmén | department | 部門<br>부(部) |
| 10. 致电 | zhìdiàn | send a telegram (to) | に電話をする<br>에 전화를 하다(주로 공식적으로 쓰이는 정중한 표현) |
| 11. 业务 | yèwù | professional work; business | 業務<br>업무 |

| | | | |
|---|---|---|---|
| 12. 咨询 | zīxún | inquiry | 案内<br>상담(하다), 문의(하다) |
| 13. 按 | àn | press | 押す<br>누르다 |
| 14. 售后服务 | shòu hòu fúwù | after-sale service | アフターサービス<br>에프터 서비스 |
| 15. 投诉 | tóusù | complain | クレーム<br>고발하다 |
| 16. 留言 | liúyán | leave a message | 伝言する<br>메세지를 남기다 |
| 17. 转 | zhuàn | rotate; revolve; spin | 回転する<br>돌다 |
| 18. 型号 | xínghào | model; type | 規格番号<br>모델 넘버, 제품 번호 |
| 19. 全自动 | quánzìdòng | fully automatic | 全自動<br>전자동 |
| 20. 确定 | quèdìng | confirm; certain | 確かに<br>확정하다, 확인하다 |
| 21. 电源 | diànyuán | power | 電源<br>전원 |
| 22. 小区 | xiǎoqū | housing estate | 住宅地区、団地<br>단지 |
| 23. 超市 | chāoshì | supermarket | スーパーマーケット<br>슈퍼마켓, 마트 |
| 24. 上门服务 | shàng mén fúwù | "to door" service | 訪問サービス<br>방문 서비스 |
| 25. 够呛 | gòuqiāng | (coll.) unbearable; terrible; enough | やりきれない(程度が重い様子)<br>힘들다, 어렵다 |
| 26. 暂时 | zànshí | temporary; for the time being | しばらく<br>잠시, 잠깐 |

## 专有名词

1. 北京大科公司　　　　　　　　Běijīng Dàkē Gōngsī
2. 天科电器股份有限公司　　　　Tiānkē Diànqì Gǔfèn Yǒuxiàn Gōngsī
3. 万家福超市　　　　　　　　　Wànjiāfú Chāoshì

## 攻克生词

1. A. 到公司去　　　　　　　　　B. 公司的人来家里
2. A. 刘先生对出国比较了解　　　B. 刘先生要出国留学
3. A. 出发去旅行　　　　　　　　B. 报名参加旅行
4. A. 不回家　　　　　　　　　　B. 不知道
5. A. 有　　　　　　　　　　　　B. 没有
6. A. 需要修理　　　　　　　　　B. 没什么问题
7. A. 告诉经理发生了什么问题　　B. 要求经理向自己道歉
8. A. 洗得很干净　　　　　　　　B. 用起来很方便
9. A. 来买东西的顾客　　　　　　B. 买过东西的顾客
10. A. 可能晚一点来　　　　　　　B. 有事不来了
11. A. 买什么手机好　　　　　　　B. 买手机要注意的问题
12. A. 用洗衣机洗衣服　　　　　　B. 用手洗衣服
13. A. 还可以　　　　　　　　　　B. 不好
14. A. 孙路不在家　　　　　　　　B. 没办法通知他
15. A. 电话没有通　　　　　　　　B. 没有人接电话

练　习

一、听课文,简单回答下列问题:

1. 男的要做什么?

2. 男的分别给谁打了电话?

## 二、听第一部分，选择正确答案：

1. A. 大科公司 B. 天科公司
   C. 别的电器公司 D. 查号台

2. A. 看错了公司名字 B. 没有这个公司
   C. 公司有很多电话 D. 公司没有登记

3. A. 记错了公司名字 B. 记错了公司电话
   C. 记错了公司地址 D. 要找两家公司

## 三、听第二部分，选择正确答案：

1. A. 找公司经理 B. 要修洗衣机
   C. 想买洗衣机 D. 要换洗衣机

2. A. 电话通了以后，男的又拨了零 B. 接电话的是修洗衣机的
   C. 接电话的是公司经理 D. 在公司维修是免费的

## 四、听第三部分，选择正确答案：

1. A. 1 B. 2
   C. 3 D. 9

2. A. 电源有问题 B. 转动不正常
   C. 衣服洗不干净 D. 不工作了

3. A. 明天上午有事儿 B. 明天不能回来
   C. 住在一个幸福楼里 D. 小区里面有一个万家福超市

4. A. 不知道小区在哪儿 B. 今天比较忙
   C. 今天回不来 D. 明天上午来不了

**五、跟读句子并填上正确的词语：**

1. 对不起，大科公司在我们这里没有_____。
2. 请_____：89568721。
3. 您好，麻烦您转一下你们公司的洗衣机_____部门。
4. 您的洗衣机是什么_____的？
5. 您_____电源什么的没有问题吗？
6. 维修人员现在都出去了，_____还回不来。

**六、补充练习：**

1. A. 一定能买到票　　　　　B. 打算等退票
   C. 想看足球比赛　　　　　D. 买不到票就不去了

2. A. 一个　　　　　　　　　B. 两个
   C. 三个　　　　　　　　　D. 四个

3. 问1：A. 男的觉得很好看　　B. 男的觉得不好看
       C. 女的觉得很好看　　D. 女的觉得不好看

   问2：A. 应该相信赵君　　　B. 赵君什么电影都爱看
       C. 张梅很懂电影　　　D. 张梅不爱看电影

4. 问1：A. 要写东西　　　　　B. 要修电脑
       C. 要找男的帮忙　　　D. 要找电脑公司

   问2：A. 小杨电脑买了一年　B. 办公室的电脑有毛病了
       C. 男的会修电脑　　　D. 电脑公司应该上门维修

   问3：A. 请男的帮她修　　　B. 不想修了
       C. 去找电脑公司修　　D. 先借别人的电脑用

**七、请听用快速朗读的课文。**

# 第六课 钱花到哪儿去了?

## 生 词

| | | | |
|---|---|---|---|
| 1. 愁 | chóu | worry; be anxious/grieved | 心配する<br>걱정하다 |
| 2. 助学金 | zhùxuéjīn | financial aid | 補助金<br>학자 보조금 |
| 3. 打工 | dǎ gōng | work (a temporary job) | アルバイト<br>아르바이트하다 |
| 4. 挣(钱) | zhèng(qián) | make (money) | 収入を得る<br>(돈을) 벌다 |
| 5. 供 | gōng | supply; feed; be for (the use/convenience of) | 提供する<br>제공하다, …하는 데 대주다 |
| 6. 免不了 | miǎnbuliǎo | be unavoidable | 避けられない<br>불가피하다, …하지 않을 수 없다 |
| 7. 求救 | qiújiù | cry for help | 救助を求める<br>도움을 구하다 |
| 8. 说实在的 | shuō shízài de | honestly speaking | 実際には<br>솔직히 말해서 |
| 9. 列表 | liè biǎo | tabulate (facts, figures, etc.) | 図表をつくる<br>목록을 작성하다 |
| 10. 支出 | zhīchū | expenditure | 支出<br>지출(하다) |
| 11. 一个劲儿 | yígejìnr | wholeheartedly; desperately; devotedly; persistently | ひたすら<br>줄곧, 끊임없이 |

| | | | | |
|---|---|---|---|---|
| 12. 涨 | zhǎng | rise; go up (of water, prices, etc.) | 高くなる | 오르다 |
| 13. 侃价 | kǎn jià | offer price; open price | 値引きする | 값을 깎다 |
| 14. 打折 | dǎ zhé | discount | 割り引く | 할인하다 |
| 15. 更新 | gēngxīn | renew; replace | 更新する | 새롭게 바뀌다 |
| 16. 落伍 | luò wǔ | straggle; drop out; be outdated; old hat | 落伍する | 뒤떨어지다, 낙오하다 |
| 17. 省 | shěng | save | 切り詰める | 아끼다, 절약하다 |
| 18. 咬牙 | yǎo yá | clench/gnash teeth; grind teeth (in sleep) | 歯軋りする | 이를 악물다 |
| 19. 正经事 | zhèngjǐngshì | serious affair | まじめな事 | 바른 일 |
| 20. 追求 | zhuīqiú | seek; pursue | 異性を追い求める | 구애하다, 쫓아 다니다 |
| 21. 讲究 | jiǎngjiū | be particular about | 念を入れる、凝る | 신경을 쓰다, 중히 여기다 |
| 22. 消费 | xiāofèi | consume | 消費 | 소비(하다) |
| 23. 缺乏 | quēfá | lack | 足りない | 모자라다, 부족하다 |
| 24. 控制 | kòngzhì | control | 抑制する | 진압하다, 억제하다 |
| 25. 塞 | sāi | fill/stuff in | 詰まる | 집어넣다 |
| 26. 以至于 | yǐzhìyú | to such an extent as to... ; so... that... | ～ほどだ | 하게 되다, …을 초래하다 (주로 나쁜 결과에 쓰임) |

| 27. 节约 | jiéyuē | economize; save | 節約する |
| | | | 절약하다 |

## 攻克生词

1. A. 搞研究的 　　　　　　　　B. 修理机器的
2. A. 买新电脑 　　　　　　　　B. 修理电脑
3. A. 有坏人时要马上找警察 　　B. 自己也要会对付坏人
4. A. 一万 　　　　　　　　　　B. 三万
5. A. 礼品的价格情况 　　　　　B. 人们在礼品方面花钱的情况
6. A. 人一定会犯错误 　　　　　B. 人最好不要犯错误
7. A. 他对价格情况不太了解 　　B. 他不喜欢商量价钱
8. A. 他很有决心 　　　　　　　B. 他戒烟很难受
9. A. 不停地道歉 　　　　　　　B. 很不好意思
10. A. 让生活更好一点 　　　　　B. 让孩子们读书
11. A. 很严肃的人 　　　　　　　B. 不想解决问题的人
12. A. 放衣服 　　　　　　　　　B. 拿衣服
13. A. 喜欢了解最新的东西 　　　B. 不关心流行的东西
14. A. 钱不够用 　　　　　　　　B. 儿子的成绩不太理想
15. A. 火灾的情况 　　　　　　　B. 人们怎么救火

## 练 习

一、听课文，简单回答下列问题：

1. 说话的是什么人？

2. 本文谈论的主要话题是什么？

3. 他的消费主要在什么方面？

二、听第一、二段,选择正确答案:
1. A. 父母给他零花钱　　　　　　B. 打过工
　 C. 花钱很节约　　　　　　　　D. 学习还不错

2. A. 他和父母关系很亲密　　　　B. 他的钱并不多
　 C. 父母不想给他钱　　　　　　D. 父母对他有意见

三、听第三、四、五、六段,选择正确答案:
1. A. 书价太贵了　　　　　　　　B. 不买打折书
　 C. 吃方便面可以节省时间看书　D. 吃素菜可以保持健康

2. A. 可以帮助谈恋爱　　　　　　B. 是大家都花钱的事
　 C. 可以不做这样的事　　　　　D. 不是交朋友的好办法

四、听第七、八、九段,选择正确答案:
1. A. 价格不高　　　　　　　　　B. 得到好的评价
　 C. 别人都这样　　　　　　　　D. 女朋友让买

2. A. 同屋想和他一起开一个小服装店
　 B. 他打算卖掉一些衣服
　 C. 他也觉得衣服买多了
　 D. 他以后花钱会很节约

五、根据课文内容判断正误:
1. 他觉得没办法减少消费。
2. 跟父母交流太少,他很后悔。
3. 他是一个喜欢交朋友的人。
4. 他是个追求享受的人。
5. 他打算在看演出方面省一点钱。
6. 他的生活内容很丰富。

## 六、跟读句子并填上正确的词语：

1. 我是一名_____不愁吃穿的大学生。
2. 说实在的,我跟父母的_____还真是不多。
3. 为了买到_____书籍,我只好常常吃素菜或者方便面。
4. 过去的老朋友跑来看望自己,更是应该_____招待。
5. 我觉得这也是一种合理消费,可是我_____控制自己的能力。
6. 你看,我的钱就这样_____了,很多同学跟我差不多。

## 七、补充练习：

1. A. 他们俩生活习惯不一样　　B. 他们俩都没住过集体宿舍
   C. 他们俩是同屋　　　　　　D. 闹矛盾很正常

2. A. 不喜欢李小芳　　　　　　B. 不了解李小芳
   C. 和李小芳一直同学　　　　D. 很想见见李小芳

3. A. 唱了英文歌　　　　　　　B. 去看演出了
   C. 中国民歌唱得很不错　　　D. 喜欢英文歌

4. 问1: A. 记者的问题太难了　　B. 记者太多了
       C. 不喜欢记者的问题　　D. 记者的问题太多了

   问2: A. 女的认为记者都只关心个人情况
       B. 男的很同情女的
       C. 今天的记者里面只有一个比较好
       D. 今天来了十个记者

5. 问1: A. 范围　　　　　　　　B. 原因
       C. 时间　　　　　　　　D. 后果

问2：A. 男的电脑出了问题
　　　B. 女的洗衣机坏了
　　　C. 男的昨天写的东西都没有了
　　　D. 女的上班前洗好了衣服

问3：A. 男的住的小区电线有问题
　　　B. 大风造成了长时间停电
　　　C. 男的和女的住在同一个小区
　　　D. 女的只好用手洗完衣服

**八、请听用快速朗读的课文。**

## 第七课 你也有这个爱好?

### 生 词

| | | | |
|---|---|---|---|
| 1. 冠军 | guànjūn | champion | 優勝<br>우승, 1등 |
| 2. 专门 | zhuānmén | specially; especially | 専門に<br>일부러, 전문적으로 |
| 3. 训练 | xùnliàn | training | 訓練する<br>훈련하다 |
| 4. 专业 | zhuānyè | professional | 専門<br>(…에 대하여) 잘 알다,<br>프로 수준이다 |
| 5. 对手 | duìshǒu | opponent | 相手<br>상대, 적수 |
| 6. 拿手 | náshǒu | adept; expert;<br>good at; confident(in) | 得意な<br>(…에) 뛰어나다, 자신<br>있다 |
| 7. 街舞 | jiēwǔ | street dance | ストリートダンス<br>힙합(춤) |
| 8. 高手 | gāoshǒu | ace; expert | 達人<br>고수 |
| 9. 牛 | niú | arrogant | すごい<br>대단하다(주로 감탄문<br>에 쓰임) |
| 10. 擅长 | shàncháng | be good at; genius | 堪能である<br>장기가 있다, 잘 하다 |

| | | | |
|---|---|---|---|
| 11. 上网 | shàng wǎng | go online | インターネットに接続する<br>인터넷(접속)하다 |
| 12. 卡拉OK | kǎlā'ōukèi | karaoke | カラオケ<br>가라오케 |
| 13. 业余 | yèyú | amateur | 余暇<br>여가 |
| 14. 收藏 | shōucáng | collect | コレクション<br>수집하다 |
| 15. 纪念品 | jìniànpǐn | souvenir | 記念品<br>기념품 |
| 16. 球迷 | qiúmí | (ball game) fan | 球技ファン<br>(야구축구 등의) 구기광 |
| 17. 负责 | fùzé | be responsible(for);<br>be in charge of | 責任を負う<br>책임을 지다, 맡다 |
| 18. 摄影 | shèyǐng | photograph; shooting<br>(a video, movie, etc.) | 撮影<br>촬영(하다) |
| 19. 作品 | zuòpǐn | works | 作品<br>작품 |
| 20. 请教 | qǐngjiào | ask for advice | 教えてもらう<br>에게 가르침을 받다, 지도를 받다 |
| 21. 入门 | rù mén | learn the fundamentals;<br>cross the threshold | 初歩を学ぶ<br>입문(하다) |
| 22. 傻瓜相机 | shǎguā xiàngjī | idiot-proof camera | 全自動カメラ<br>자동 카메라 |
| 23. 拍(摄) | pāi(shè) | film; shoot | 撮影する<br>촬영하다, 사진을 찍다 |
| 24. 数码相机 | shùmǎ xiàngjī | digital camera | デジタルカメラ<br>디지털 카메라 |
| 25. 特长 | tècháng | specialty;<br>special aptitude | 特長<br>장기, 특기 |

26. 协会　　　　xiéhuì　　　　association　　　　クラブ
　　　　　　　　　　　　　　　　　　　　　　　　협회

## 攻克生词

1. A. 会唱卡拉OK很普通　　　　B. 唱卡拉OK没有意思
2. A. 跳得很好　　　　　　　　B. 能跳很长时间
3. A. 王飞　　　　　　　　　　B. 李一平
4. A. 四班　　　　　　　　　　B. 二班
5. A. 老石　　　　　　　　　　B. 说话人
6. A. 晚上出去聊天　　　　　　B. 用电脑聊天
7. A. 门票　　　　　　　　　　B. 旅行
8. A. 郑军　　　　　　　　　　B. 周林
9. A. 有问题应该问李明　　　　B. 应该帮助李明学习
10. A. 老师　　　　　　　　　　B. 足球运动员
11. A. 是　　　　　　　　　　　B. 不是
12. A. 看比赛　　　　　　　　　B. 踢足球
13. A. 英语不好　　　　　　　　B. 太忙
14. A. 参加婚礼　　　　　　　　B. 学英语
15. A. 我要进去画画儿　　　　　B. 我的水平不高

## 练习

一、听课文,简单回答下列问题:

1. 这段对话里提到了什么人?

2. 这段对话提到了哪些业余爱好?

二、听第一部分,选择正确答案:

1. A. 周涛　　　　　　　　　　B. 赵一凡
　　C. 班里的其他同学　　　　　D. 不知道是谁

2. A. 周涛打羽毛球比赵一凡好
   B. 周涛乒乓球打得也不错
   C. 赵一凡小时候学习过乒乓球
   D. 赵一凡小时候学习过羽毛球

三、听第二部分,选择正确答案:
1. A. 跳舞很好　　　　　　　　B. 天天运动
   C. 足球、篮球都很好　　　　D. 喜欢运动

2. A. 不认识　　　　　　　　　B. 不熟
   C. 是同班同学　　　　　　　D. 是好朋友

3. A. 爱运动的人学习都不好　　B. 对学习不感兴趣
   C. 学习时间太少　　　　　　D. 考试前一天没有休息好

4. A. 周涛业余爱好很多　　　　B. 周涛喜欢唱卡拉OK
   C. 女的业余生活很丰富　　　D. 女的觉得赵一凡了不起

四、听第三部分,选择正确答案:
1. A. 很好　　　　　　　　　　B. 还可以
   C. 不太好　　　　　　　　　D. 不会

2. A. 看了比赛　　　　　　　　B. 没有看比赛
   C. 参加了比赛　　　　　　　D. 负责比赛

3. A. 刚开始学摄影　　　　　　B. 认识摄影协会的人
   C. 现在只爱好旅游　　　　　D. 经常出国旅游

4. A. 叔叔让她学摄影　　　　　B. 想拍出好风景
   C. 想多认识一些朋友　　　　D. 想增加一个爱好

5. A. 摄影　　　　　　　　　B. 收藏
　 C. 写作　　　　　　　　　D. 看乒乓球赛

**五、跟读句子并填上正确的答案：**
1. 听说你们班同学得了全校羽毛球赛_____，是谁啊？
2. 他小时候专门训练过，乒乓球很_____的。
3. 人嘛，总有_____的方面和不_____的方面。
4. 我爱_____一些和乒乓球有关的纪念品。
5. 我_____这次比赛的摄影，过几天你就能在学校报纸上看到我的作品了！
6. 最近我叔叔送了我一个挺高级的_____相机。

**六、补充练习：**
1. 问1：A. 找女朋友　　　　B. 和对方约会
　　　　C. 和别人约会　　　D. 去找工作

　 问2：A. 今天穿得比较正式
　　　　B. 今天穿得比较随便
　　　　C. 女的认为他今天穿得不好看
　　　　D. 女的认为他平时穿得挺好看

2. 问1：A. 只有食堂不错　　B. 只有食堂不好
　　　　C. 好的地方很多　　D. 没有好的地方

　 问2：A. 不太舒服　　　　B. 不太好吃
　　　　C. 不便宜　　　　　D. 人不多

3. 问1：A. 杨东　　　　　　B. 王姐的孩子
　　　　C. 杨东的妻子　　　D. 杨东的孩子

　 问2：A. 小孩的玩具大人也都喜欢玩
　　　　B. 王姐知道杨东喜欢玩具
　　　　C. 王姐也喜欢玩玩具
　　　　D. 杨东觉得大人玩玩具很好

4. 问1：A. 鼓励 　　　　　　　B. 批评
　　　 C. 看不起 　　　　　　D. 担心

　问2：A. 参加过"汉语桥"比赛
　　　 B. 觉得自己汉语水平很好
　　　 C. 和男的以前是同学
　　　 D. 可以用汉语跟人交流

　问3：A. 男的准备参加
　　　 B. 男的比较了解
　　　 C. 女的不感兴趣
　　　 D. 女的在电视上看过

六、请听用快速朗读的课文。

## 第八课 到外面租间房

### 生 词

| | | | |
|---|---|---|---|
| 1. 租 | zū | rent | 借りる<br>세내다, 임대하다 |
| 2. 各种各样 | gè zhǒng gè yàng | all kinds of | 様々な<br>각양 각종의, 여러가지의 |
| 3. 求租 | qiúzū | look for a place to rent | 部屋探し<br>임대 문의(하다) |
| 4. 布告栏 | bùgàolán | bulletin board; notice board | 掲示板<br>게시판, 공고란 |
| 5. 集体宿舍 | jítǐ sùshè | dormitory | 寮(ここでは、大人数部屋をさす)<br>공동 기숙사 |
| 6. 一天到晚 | yì tiān dào wǎn | all day all night | 一日中<br>하루 종일 |
| 7. 吵吵闹闹 | chǎochǎo-nàonào | noisy | 騒々しい<br>시끄럽게 떠들다 |
| 8. 根本 | gēnběn | simply (usually used in the negative) | まったく<br>도무지, 전혀 |
| 9. 值得 | zhíde | be worth | する値打ちがある<br>할 만하다 |
| 10. 联系 | liánxì | contact | 連絡する<br>연락하다 |
| 11. 夜猫子 | yèmāozi | (coll.) night owl | よく夜更かしをする人<br>밤늦도록 자지않는 사람을 비유한 말(밤 도깨비, 올빼미족) |

| | | | |
|---|---|---|---|
| 12. 睡懒觉 | shuì lǎnjiào | get up late; sleep in | 朝寝坊をする<br>늦잠 자다 |
| 13. 利用 | lìyòng | use; utilize | 利用する<br>이용하다 |
| 14. 负担 | fùdān | burden | 負担する<br>부담하다, 책임지다 |
| 15. 出版社 | chūbǎnshè | publisher; publishing house | 出版社<br>출판사 |
| 16. 兼职 | jiānzhí | concurrent post | 兼職する<br>겸직하다(두 가지 일을 같이 하는 것을 의미함) |
| 17. 耽误 | dānwù | delay; postpone | 滞らせる<br>(시간을 지연시켜) 지장을 주다 |
| 18. 决心 | juéxīn | determination | 決心する<br>결심(하다) |
| 19. 普遍 | pǔbiàn | common; ordinary | 普通である<br>보편적이다, 일반화되어 있다 |
| 20. 同居 | tóngjū | live together; cohabit | 同棲する<br>동거하다 |
| 21. 出租 | chūzū | for rent | 貸し出す<br>세를 놓다 |
| 22. 偶尔 | ǒu'ěr | occasionally | たまに<br>간혹, 이따금 |
| 23. 撕 | sī | rip; tear | 剥がす、引き裂く<br>찢다, 떼다 |
| 24. 关键 | guānjiàn | key; crux; hinge | 肝心な点<br>관건 |
| 25. 围 | wéi | surround; enclose | 取り囲む<br>둘러싸다, 에워싸다 |
| 26. 寂寞 | jìmò | lonely | 寂しい<br>적막하다, 적적하다 |

27. 抢手　　　　qiǎngshǒu　　in great demand　　大人気先を争って(買う)
　　　　　　　　　　　　　　　　　　　　　　　　　인기가 있다

## 专有名词

《城市晚报》　　　　　　　　　《Chéngshì Wǎnbào》

## 攻克生词

1. A. 吃药　　　　　　　　　　B. 休息
2. A. 有很多种　　　　　　　　B. 有好几种
3. A. 经常见面　　　　　　　　B. 不常见面
4. A. 不太喜欢　　　　　　　　B. 一点也不喜欢
5. A. 求租房子　　　　　　　　B. 出租房子
6. A. 医生　　　　　　　　　　B. 饭店服务员
7. A. 这里很不安静　　　　　　B. 这里到十二点以后才安静
8. A. 打家里电话　　　　　　　B. 打手机
9. A. 票被抢走　　　　　　　　B. 买不到票
10. A. 晚一些睡觉　　　　　　 B. 晚一些起床
11. A. 努力　　　　　　　　　 B. 不努力
12. A. 自己买　　　　　　　　 B. 学校买
13. A. 好　　　　　　　　　　 B. 不好
14. A. 吃饭太晚　　　　　　　 B. 吃饭影响工作
15. A. 动作很灵活　　　　　　 B. 不喜欢早睡

一、听课文,简单回答下列问题:
　　1. 本文谈论的主要话题是什么?

2. 学生租房的原因主要有哪些?

**二、听第一、二段,选择正确答案:**

1. A. 开学后一个星期　　　　　　B. 开学前一个星期
   C. 暑假开始后一个星期　　　　D. 暑假开始前一个星期

2. A. 暑假里学校很热闹　　　　　B. 各种广告很多
   C. 很多人已经租到了房子　　　D. 很多人都在租房子

3. A. 有地方招待朋友　　　　　　B. 很好地休息
   C. 安静地学习　　　　　　　　D. 和研究生讨论问题

**三、听第三段,选择正确答案:**

1. A. 和大家生活习惯不一样　　　B. 希望晚上能关灯睡觉
   C. 想有更多的休息时间　　　　D. 集体宿舍太吵闹

2. A. 认识这位记者　　　　　　　B. 父母帮他付房费
   C. 觉得租房并不贵　　　　　　D. 睡得比较多

**四、听第四、五段,选择正确答案:**

1. A. 正在联系一家出版社　　　　B. 在假期和开学后都要工作
   C. 为了考研租了房子　　　　　D. 快毕业了

2. A. 男女朋友同居的最多　　　　B. 中文系很多学生兼职
   C. 很多人因为兼职而租房　　　D. 很多人因为学习而租房

**五、听第六段,选择正确答案:**

1. A. 广告非常少　　　　　　　　B. 比较贵
   C. 大部分在学校附近　　　　　D. 条件都很好

2. A. 来和租房子的人见面　　B. 想给儿子租一间房
   C. 想看看租房子的情况　　D. 想贴一张广告

六、跟读句子并填上正确的词语：
1. 各种各样的求租广告已经贴满了学校的_____栏。
2. 在集体宿舍,晚上大家都要关灯睡觉,而自己是个_____。
3. 假期比较轻松,她就在一家出版社找到一个_____的工作。
4. 偶尔出现一两张条件比较让人满意的广告,但差不多都被先看到的人撕掉了最_____的电话号码。
5. 儿子去年出国了,她一个人住觉得有点_____。

七、补充练习：
1. A. 收音机价格越来越便宜
   B. 电视机价格越来越便宜
   C. 现在还有很多人喜欢听收音机
   D. 人们更喜欢电视机

2. 问1：A. 医生不让男的跑步
       B. 女的让男的每天跑步
       C. 男的让女的一起去跑步
       D. 男的每天坚持跑步

   问2：A. 丈夫和妻子　　B. 医生和病人
       C. 邻居　　　　　D. 同事

3. A. 春天　　　　　　B. 夏天
   C. 秋天　　　　　　D. 冬天

4. 问1：A. 学校宿舍　　B. 中央广场附近
       C. 学校附近　　D. 公司宿舍

问2：A. 用工资的一半付房租　　B. 租了朋友的房子
　　　C. 不喜欢集体宿舍　　　D. 工资比较高

问3：A. 在打工　　　　　　　B. 租了房子
　　　C. 不租房子　　　　　　D. 不喜欢集体宿舍

**八、请听用快速朗读的课文。**

# 第九课 买二手的多合适

## 生 词

| | | | |
|---|---|---|---|
| 1. 二手（货） | èrshǒu(huò) | secondhand (goods) | 中古品<br>중고품 |
| 2. 合（买） | hé(mǎi) | joint (purchase) | 協同（購入）<br>공동으로 (사다) |
| 3. 反正 | fǎnzheng | anyway; anyhow;<br>in any case | どうせ、いずれにせよ<br>어쨌든, 아무튼 |
| 4. 够本 | gòu běn | make enough money<br>to cover cost | 元がとれる<br>본전을 건지다, 밑지지 않다 |
| 5. 报道 | bàodào | report (news);<br>news report | 報道<br>보도(하다) |
| 6. 电视剧 | diànshìjù | television play | テレビドラマ<br>드라마 |
| 7. 不如 | bùrú | be inferior to | には及ばない<br>만 못하다 |
| 8. 画面 | huàmiàn | tableau | テレビ画面<br>화면 |
| 9. 语气 | yǔqì | tone | 話しぶり<br>어투, 말투 |
| 10. 猜 | cāi | guess | 推量する<br>추측하다, 알아맞히다 |
| 11. 字幕 | zìmù | subtitle | 字幕<br>자막 |
| 12. 弄 | nòng | make; do; handle | 買う、手に入る<br>만들다 |

| | | | | |
|---|---|---|---|---|
| 13. 不值得 | bù zhíde | not be worthy (of) | する値打ちが無い | |
| | | | 할 가치가 없다 | |
| 14. 处理 | chǔlǐ | sell | 取り計らう | |
| | | | 처리하다 | |
| 15. 笨 | bèn | stupid | 愚かである | |
| | | | 어리석다, 멍청하다 | |
| 16. 转让 | zhuǎnràng | transfer possession (to somebody) | 譲り渡す | |
| | | | 넘겨주다, 양도하다 | |
| 17. 英寸 | yīngcùn | inch | インチ | |
| | | | 인치 | |
| 18. 保养 | bǎoyǎng | maintain | 手入れをする | |
| | | | 관리하다 | |
| 19. 效果 | xiàoguǒ | effect | 効果 | |
| | | | 효과 | |
| 20. 样 | yàng | *measure word* | 点、品(量詞) | |
| | | | 종류 | |
| 21. 凡是 | fánshì | every | およそ、すべて | |
| | | | 대개, 대체로 | |
| 22. 标价 | biāojià | mark a price | 定価 | |
| | | | 표시 가격 | |
| 23. 痛快 | tòngkuài | joyful; delighted; to one's heart's content | (性格が)さっぱりしている | |
| | | | (성격이)시원스럽다 | |
| 24. 茶几 | chájī | tea table | 茶卓、小型テーブル | |
| | | | 차 테이블 | |
| 25. 顶 | dǐng | *measure word* (for hats, etc.) | てっぺんのある物を数える量詞 | |
| | | | 모자를 세는 양사 | |

## 攻克生词

1. A. 朋友送给他的　　　　　B. 朋友卖给他的
2. A. 希望多买一些面包　　　B. 明天还吃面包
3. A. 卖旧东西的时间　　　　B. 买旧东西的时间
4. A. 比较满意　　　　　　　B. 不太满意
5. A. 不要相信广告　　　　　B. 可以相信广告
6. A. 是　　　　　　　　　　B. 不是
7. A. 很好　　　　　　　　　B. 不好
8. A. 反对　　　　　　　　　B. 支持
9. A. 不喜欢他　　　　　　　B. 喜欢他
10. A. 该换了　　　　　　　　B. 可以继续开
11. A. 高　　　　　　　　　　B. 低
12. A. 买来的　　　　　　　　B. 不太清楚
13. A. 不到四十岁　　　　　　B. 超过四十岁
14. A. 人们都很喜欢　　　　　B. 有一些人不喜欢
15. A. 应该再高一点　　　　　B. 合适

## 练　习

一、听第一个对话：

　　（一）简单回答下列问题：

　　　　1. 这段对话发生在什么地方？

　　　　2. 他们主要在谈论什么话题？

　　（二）选择正确答案：

　　　　1. A. 朋友送的　　　　B. 学校给的
　　　　　 C. 同屋买的　　　　D. 和同屋合买的

2. A. 送人 B. 卖掉
   C. 留在房间 D. 还没考虑

3. A. 上课讨论有话题 B. 可以帮助学汉语
   C. 可以了解中国人的生活 D. 知道有什么名牌产品

4. A. 认为时间太短不值得 B. 认为电视没太大用
   C. 没找到合买的朋友 D. 没找到合适的二手货

5. A. 现在快放假了
   B. 男的想买电视
   C. 女的想请男的帮忙
   D. 女的还要在这儿呆一年

(三) 跟读句子并填上正确的词语：
1. 你们楼真不错,房间里还____电视。
2. 反正也不太贵,用上一两年也_____了。
3. 电视还可以猜意思,有时候还有_____,好懂多了!
4. 买二手的多_____啊。花不了多少钱,走的时候再卖掉就行了。
5. 我来这儿快一年了,连冰箱也没买,现在想想可真够____的。
6. 一般在学生回国的时候,二手货很_____。

二、听第二个对话：

(一) 简单回答下列问题：
1. 这两个人是什么关系?

2. 他们在干什么?

(二) 选择正确答案：
1. A. 看见外面的广告 B. 听朋友说的
   C. 上网查到的 D. 正好碰上的

2. A. 电视、DVD机、小椅子、书
   B. 电视、DVD机、书架、茶几
   C. 电视、DVD机、帽子
   D. 电视、DVD机

3. A. 效果不好　　　　　　B. 跟新电视价格差不多
   C. 买的东西比较多　　　D. 自己没有太多钱

4. A. 便宜一点　　　　　　B. 加一点东西
   C. 帮着搬东西　　　　　D. 帮着找车拉

5. A. 小贩　　　　　　　　B. 学生
   C. 修理电视的　　　　　D. 做广告的

(三) 跟读句子并填上正确的词语：
1. 我的电视_____得很好，跟新的一样。
2. 凡是_____50元以下的，你喜欢哪件拿哪件。
3. 好，你真_____！
4. 这些东西买的时候都花了不少钱，现在不是要毕业回国嘛，_____。
5. 你可以先付一半，____的时候再付另一半。

三、补充练习：
1. A. 吃到美味的食物　　　B. 学会标准的外语
   C. 可以交新朋友　　　　D. 参加当地的一些活动

2. 问1：A. 汽车　　　　　　B. 摩托车
        C. 自行车　　　　　D. 玩具车

   问2：A. 后悔车卖得太便宜　B. 觉得车用得很值得
        C. 觉得还是打车好　　D. 觉得带走比较好

3. 问1：A. 工作　　　　　　　B. 买东西
　　　C. 订票　　　　　　　D. 找人

　　问2：A. 忘了提前订票　　　B. 不知道早订票可以优惠
　　　C. 不知道哪天走　　　D. 这趟飞机不能提前订票

4. 问1：A. 价格超过500块　　B. 可以同时送100元的东西
　　　C. 不能便宜　　　　　D. 可以便宜一点

　　问2：A. 从来不打折　　　　B. 保证质量
　　　C. 有时有优惠活动　　D. 每次都赠送礼品

5. 问1：A. 学校　　　　　　　B. 公司
　　　C. 书店　　　　　　　D. 宿舍

　　问2：A. 帮助别人　　　　　B. 没有地方放
　　　C. 需要钱　　　　　　D. 不喜欢这些词典

　　问3：A. 想卖得贵一点　　　B. 很会卖东西
　　　C. 更喜欢交朋友　　　D. 很怕学外语

　　问4：A. 认为李伟卖东西的方法很好
　　　B. 认为李伟卖东西的方法很奇怪
　　　C. 没见过李伟卖东西
　　　D. 打算买李伟的词典

四、请听用快速朗读的课文。

## 第十课　便宜真的没好货吗？

### 生　词

| | | | |
|---|---|---|---|
| 1. 货 | huò | goods; commodity | 商品、品物<br>상품 |
| 2. 俗话 | súhuà | common saying;<br>proverb | ことわざ<br>속담(사람들 사이에 널리 자주 쓰이는 말) |
| 3. 进货量 | jìnhuòliàng | amount of inbound<br>freight (purchase) | 仕入れる量<br>입하량(물품이 들어오는 양) |
| 4. 成本 | chéngběn | cost | コスト<br>생산비, 원가 |
| 5. 吸引 | xīyǐn | attract | 惹きつける<br>끌다, 끌어 당기다 |
| 6. 举办 | jǔbàn | conduct; hold;<br>run (an event) | 催す<br>(행사를) 열다, 거행하다 |
| 7. 促销 | cùxiāo | promotion | 販売促進<br>판촉(하다) |
| 8. 购买 | gòumǎi | purchase | 買う<br>구매하다 |
| 9. 保质期 | bǎozhìqī | warranty period | 賞味期限<br>유효 기간 |
| 10. 正好 | zhènghǎo | just right; at opportune<br>moment | 折りよく<br>마침 |
| 11. 表面 | biǎomiàn | surface | 表向き<br>표면(상으로) |

| | | | | |
|---|---|---|---|---|
| 12. 暗中 | ànzhōng | in secret | 密かに | 암암리에, 몰래 |
| 13. 趁 | chèn | take advantage of; avail oneself of | を利用して、乗じて | (때기회)를 이용하다, 틈타다 |
| 14. 滞销 | zhìxiāo | be unsalable/unmaketable | 売れ行きが悪い | 판매가 부진하다, 잘 안팔리다 |
| 15. 混 | hùn | mix; confuse | 混ぜる | 섞다, 혼합하다 |
| 16. 小动作 | xiǎodòngzuò | petty action; little trick; maneuver | いんちき | 속임수, 술수 |
| 17. 清理 | qīnglǐ | sort out; clear (up) | 整理する | 정리(처리)하다 |
| 18. 积压 | jīyā | keep long in stock; overstock | 在庫 | 쌓이다, 묵혀 두다 |
| 19. 尤其 | yóuqí | especially | 特に | 특히 |
| 20. 高科技 | gāokējì | high-tech | ハイテク | 고도의 과학기술, 첨단 과학기술 |
| 21. 一时 | yìshí | a period of time; a short while | その場で、即に | 한동안, 잠시 동안 |
| 22. 毛病 | máobìng | problem; defect | 故障 | 고장, 결함 |
| 23. 怀疑 | huáiyí | doubt; suspect | 疑う | 의심하다 |
| 24. 抓住 | zhuāzhù | catch/seize hold of; grip; grasp | しっかりと掴む | (붙)잡다 |

## 攻克生词

1. A. 便宜　　　　　　　　　B. 品种多
2. A. 太多了　　　　　　　　B. 太少了
3. A. 能　　　　　　　　　　B. 不能
4. A. 不太相信　　　　　　　B. 非常相信
5. A. 小王回来后　　　　　　B. 小王回来前
6. A. 学校　　　　　　　　　B. 商店
7. A. 贵　　　　　　　　　　B. 便宜
8. A. 找到了　　　　　　　　B. 没找到
9. A. 知道　　　　　　　　　B. 不知道
10. A. 知道　　　　　　　　　B. 不知道
11. A. 很好　　　　　　　　　B. 不太好
12. A. 高兴　　　　　　　　　B. 着急
13. A. 学院　　　　　　　　　B. 留学生
14. A. 有　　　　　　　　　　B. 没有
15. A. 姐姐　　　　　　　　　B. 妹妹

练　习

一、听课文，简单回答下列问题：

1. 这篇文章主要讲的内容是什么？

2. 文章里谈到了哪几种降价的原因？

二、听第一、二段，选择正确答案：

1. A. 大部分人都不喜欢　　　B. 大部分人只买便宜货
   C. 想弄清楚原因　　　　　D. 认为可能质量不好

2. A. 接近保质期的最好不要买　B. 多买一些更便宜
   C. 质量上完全可以放心　　　D. 最好不要买

3. A. 为了吸引顾客 B. 成本不高
   C. 放的时间太长了 D. 质量不好

三、听第三段,选择正确答案:
1. A. 季节刚到 B. 季节刚过
   C. 季节过了一半的时候 D. 季节快要过去的时候

2. A. 有些商品实际上并没有降价
   B. 季节性降价的商品都是滞销品
   C. 一定要看降了多少钱
   D. 要从里面发现合适的

四、听第四、五段,选择正确答案:
1. A. 不要购买积压商品 B. 积压的商品质量都有问题
   C. 买高科技产品要小心 D. 最好不买电脑和数码相机

2. A. 赶快买下来,不能失去机会 B. 质量差,尽量少买
   C. 要弄清便宜的原因 D. 要经常去看看才行

五、根据课文内容判断正误:
1. 超市里商品促销是为了吸引顾客。
2. 最好在超市里购买季节性降价商品。
3. 有的季节性降价的商品并不便宜。
4. 积压商品中,电脑和数码相机的质量好一些。
5. 买便宜货一定能让您满意。

六、跟读句子并填上正确的词语:
1. 中国有一句_____,叫做"好货不便宜,便宜没好货"。
2. 大型超市进货量大,_____低。
3. 快到_____的食品最好不要购买。
4. 有的商店_____上在打折,实际上却暗中提高了价格。

5. 即使一时看不出什么_____，但用不了多久也可能会出问题。
6. 买东西时不能看见便宜货就买，但也不必_____一切。

七、补充练习：

1. A. 送人 B. 吃饭
   C. 修车 D. 看朋友

2. 问1：A. 张东 B. 刘强
       C. 王元 D. 刘强和王元

   问2：A. 不到三点 B. 三点
       C. 三点十分 D. 三点半

3. 问1：A. 已经离婚了 B. 打算离婚
       C. 和丈夫关系又好了 D. 打算就这样生活

   问2：A. 坚决反对 B. 非常同意
       C. 不希望这样 D. 无所谓，怎么都行

4. 问1：A. 一个 B. 两个
       C. 三个 D. 四个

   问2：A. 准备结婚了 B. 现在不买房
       C. 喜欢睡懒觉 D. 认为男的住的小区不好

   问3：A. 在帮人卖房子 B. 住得离单位很远
       C. 很喜欢自己住的地方 D. 经常运动

八、请听用快速朗读的课文。

# 第十一课　还不如不买车呢

## 生　词

| | | | |
|---|---|---|---|
| 1. 别提了 | biétí le | don't mention it | 言わないで、黙っておいて<br>말도 말아라 |
| 2. 堵(车) | dǔ(chē) | traffic jam | 渋滞<br>(차가) 막히다 |
| 3. 随时 | suíshí | anytime | いつでも、必要に応じて<br>언제든 |
| 4. 赶时间 | gǎn shíjiān | in a rush | 時間に間に合う<br>(서둘러) 시간에 맞추다 |
| 5. 干脆 | gāncuì | simply | きっぱりと<br>차라리, 아예 |
| 6. 倒是 | dàoshì | indicating concession | 確かに〜だが、しかし<br>오히려 |
| 7. 保证 | bǎozhèng | guarantee; pledge | 保証する<br>보장하다, 보증하다 |
| 8. 说不定 | shuōbudìng | perhaps; maybe | ひょっとしたら〜かもしれない<br>일지도 모른다 |
| 9. 后悔 | hòuhuǐ | regret | 後悔する<br>후회하다 |
| 10. 拥有率 | yōngyǒulǜ | ownership percentage | 所有率<br>보유율 |
| 11. 恐怕 | kǒngpà | afraid; fear | おそらく<br>아마…일 것이다(주로 나쁜 결과를 예상해서 쓰임) |

| | | | | |
|---|---|---|---|---|
| 12. | 单向 | dānxiàng | one-way | 一方の<br>일방 |
| 13. | 通行 | tōngxíng | pass/go through | 通行<br>통행(하다) |
| 14. | 造成 | zàochéng | cause; result in | もたらす<br>초래하다, …하게 만들다 |
| 15. | 双向 | shuāngxiàng | two-way | 両方向の<br>양방향 |
| 16. | 交叉 | jiāochā | intersect; cross | 交差<br>교차하다, 엇갈리다 |
| 17. | 车速 | chēsù | car speed | 車の速度<br>차의 속력 |
| 18. | 事故 | shìgù | accident | 事故<br>사고 |
| 19. | 一般说来 | yībān shuōlái | generally speaking | 一般的には<br>일반적으로 말하면, 보통 |
| 20. | 差别 | chābié | difference | 格差<br>차이 |
| 21. | 网上 | wǎng shàng | online | インターネット<br>인터넷(상)에서 |
| 22. | 赞同 | zàntóng | approve of; endorse | 賛成する<br>찬성하다 |
| 23. | 空跑 | kōng pǎo | hurry in vain | (タクシーが)空車のまま走行する<br>빈차로 다니다 |
| 24. | 彻底 | chèdǐ | thoroughly | 徹底的な<br>완전히 |
| 25. | 改造 | gǎizào | transform; reform; remold | 改造する<br>개조하다, 고치다 |

第十一课

**攻克生词**

1. A. 好                      B. 不好
2. A. 因为学生要求            B. 为了学完课本
3. A. 开车的人                B. 走路的人
4. A. 换了新设备              B. 利用了旧设备
5. A. 十分满意                B. 不太满意
6. A. 你不要客气              B. 你什么时候都能见到他
7. A. 解决了一点              B. 一点也没有解决
8. A. 真的不高兴了            B. 可能不高兴了
9. A. 有高有低                B. 差不多
10. A. 不要这件毛衣了         B. 再买一件毛衣
11. A. 他们可能不来           B. 雪会下到明天
12. A. 这个路口               B. 前面的路口
13. A. 先演讲后歌舞           B. 一会儿演讲一会儿歌舞
14. A. 很便宜但常常没有人坐    B. 空跑造成了堵车
15. A. 幸福                   B. 健康

**练 习**

一、听课文,简单回答下列问题:

1. 小金买车时是什么样的心情?

2. 他们谈的是什么话题?

二、听第一部分,选择正确答案:

1. A. 坐出租车              B. 坐公共汽车
   C. 坐地铁                D. 坐朋友的汽车

2. A. 车坏了                B. 担心堵车
   C. 担心出事故            D. 车被借走了

3. A. 不到200万辆 　　　　　　　B. 200万辆
   C. 200多万辆 　　　　　　　　D. 300万辆

4. A. 有了自己的车很方便 　　　　B. 汽车数量增加得太快
   C. 坐地铁不用担心迟到 　　　　D. 坐地铁的人很多

三、听第二部分,选择正确答案:

1. A. 小金想卖掉自己的车 　　　　B. 小金以后不打算开车了
   C. 上下班堵车,平时好一点 　　D. 这个城市的汽车并不多

2. A. 双向通行的路太少 　　　　　B. 单向通行的路太少
   C. 路不少,但是都不宽 　　　　D. 路很宽,但是太少了

3. A. 提高汽车速度 　　　　　　　B. 减少交通事故
   C. 节约修路费用 　　　　　　　D. 减少交叉线路

4. A. 赞同 　　　　　　　　　　　B. 反对
   C. 怀疑 　　　　　　　　　　　D. 没有表示意见

四、听第三部分,选择正确答案:

1. A. 开座谈会 　　　　　　　　　B. 通过电视
   C. 通过电脑 　　　　　　　　　D. 通过报纸

2. A. 人们在住处附近工作 　　　　B. 提高停车收费标准
   C. 发展公共交通 　　　　　　　D. 限制个人买车

3. A. 建设新城市 　　　　　　　　B. 提高停车收费标准
   C. 发展公共交通 　　　　　　　D. 不要让出租车空跑

4. A. 怀疑 　　　　　　　　　B. 支持
   C. 反对 　　　　　　　　　D. 觉得有点道理

五、跟读句子并填上正确的词语：
1. 要是打车呢,我_____可以下车,要是开着车就没有办法了。
2. 今天因为怕开会迟到,_____坐地铁来了。
3. 以前是上下班堵,现在平时也_____。
4. 实际上咱们的汽车_____在世界上还是很低的。
5. 单向通行可以减少_____,提高车速。
6. 好多建议呢,要我看,都不能_____解决问题。

六、补充练习：
1. A. 对这次旅行很满意　　B. 在火车上没有座位
   C. 在火车上一直睡觉　　D. 回来以后生病了

2. 问1：A. 夫妻　　　　　　B. 姐弟
      C. 父女　　　　　　D. 母子

   问2：A. 买什么样的沙发　　B. 要不要换新家具
      C. 旧沙发有什么不好　　D. 家具用了多长时间

3. 问1：A. 很难通过　　　　B. 很容易通过
      C. 没有人能通过　　D. 只有一个人通过

   问2：A. 比较短　　　　　B. 非常短
      C. 正合适　　　　　D. 比较长

4. 问1：A. 自行车丢了,只好走路
      B. 自行车坏了,需要修理
      C. 同屋的自行车坏了,要帮助修
      D. 上课的路太远,迟到了

问2：A.买一辆好自行车　　　B.买一辆旧自行车
　　　C.卖掉自己的自行车　　D.跟女的借自行车

问3：A.新车不好卖　　　　　B.比较好骑
　　　C.修理简单　　　　　　D.不担心被偷

问4：A.完全不对　　　　　　B.比较好
　　　C.太好了　　　　　　　D.很可笑

七、请听用快速朗读的课文。

## 第十二课  保护动物 保护环境

### 生 词

| | | | |
|---|---|---|---|
| 1. 家园 | jiāyuán | homeland；native land | 郷里<br>집 (일반명사 "집"의 추상적인 표현) |
| 2. 环保 | huánbǎo | environmental protection | 環境保護<br>환경 보호 |
| 3. 危害 | wēihài | endanger | 危害<br>피해 |
| 4. 丹顶鹤 | dāndǐnghè | red-crowned crane | 丹頂鶴<br>두루미 |
| 5. 挣扎 | zhēngzhá | struggle | もがく<br>발버둥치다 |
| 6. 抢救 | qiǎngjiù | rescue | 応急手当をする<br>응급 조치하다 |
| 7. 脱离 | tuōlí | separate oneself from | 免れる<br>벗어나다 |
| 8. 志愿者 | zhìyuànzhě | volunteer | ボランティア<br>지원자 |
| 9. 发放 | fāfàng | provide; grant | 配る<br>나눠 주다 |
| 10. 呼吁 | hūyù | appeal | 呼びかける<br>(원조、지지、동정 따위를) 구하다, 호소하다 |

汉语中级听力教程
上册(一)生词和练习

| 11. 捕杀 | bǔshā | hunt | 捕殺する<br>잡아서 죽이다 |
| 12. 模型 | móxíng | model | 模型<br>모형 |
| 13. 提醒 | tíxǐng | remind | 注意を促す<br>일깨우다 |
| 14. 野生动物 | yěshēng dòngwù | wildlife | 野生動物<br>야생동물 |
| 15. 灭绝 | mièjué | become extinct | 絶滅する<br>멸종하다, 없어지다 |
| 16. 豹子 | bàozi | leopard | 豹(ヒョウ)<br>표범 |
| 17. 羚羊 | língyáng | antelope | カモシカ<br>영양 |
| 18. 熊 | xióng | bear | 熊<br>곰 |
| 19. 大猩猩 | dàxīngxing | gorilla | ゴリラ<br>고릴라 |
| 20. 原始森林 | yuánshǐ sēnlín | virgin forest | 原始林<br>원시림 |
| 21. 之所以 | zhīsuǒyǐ | the reason why... | なぜ〜かと言えば,<br>한 이유는(까닭은) |
| 22. 焦急 | jiāojí | anxious | 苛立つ、やきもきする<br>초조해 하다, 애태우다 |
| 23. 等候 | děnghòu | wait for | 待つ<br>기다리다 |
| 24. 纷纷 | fēnfēn | in succession;<br>one after another | 次から次へと<br>(많은 사람이나 물건이) 잇<br>달아, 계속해서 |
| 25. 猜测 | cāicè | guess | 推測する<br>추측하다 |

| 26. 沙尘暴 | shāchénbào | sandstorm | 砂嵐<br>모래 먼지 폭풍(매우 심한 황사) |
| 27. 埋 | mái | bury | 埋める<br>(파)묻다 |
| 28. 无法 | wúfǎ | be unable to; impossible | する方法が無い<br>(…할) 방법이 없다 |

## 攻克生词

1. A. 掉到水里了　　　　　　　　B. 游泳游累了
2. A. 终于选择了上海　　　　　　B. 为什么选择上海
3. A. 人们觉得要有重要的事情发生　B. 听领导人说要有重要的事情发生
4. A. 到这里生活的时间　　　　　B. 消失的时间
5. A. 非常好　　　　　　　　　　B. 非常不好
6. A. 植物　　　　　　　　　　　B. 动物
7. A. 很关心　　　　　　　　　　B. 不太关心
8. A. 快好了　　　　　　　　　　B. 很不好
9. A. 他不知道开会的事　　　　　B. 他可能忘记开会的事
10. A. 不好的消息　　　　　　　　B. 很好的消息
11. A. 不好　　　　　　　　　　　B. 很好
12. A. 不多　　　　　　　　　　　B. 多
13. A. 把泥涂在身上　　　　　　　B. 把身体放到泥里
14. A. 等出租车的客人很多　　　　B. 等客人的出租车很多
15. A. 医生忙了两个小时　　　　　B. 病人睡了两个小时

 练 习

一、听课文,简单回答下列问题:

　　1. 这篇课文说了几则消息?

　　2. 这几则消息主要谈的是什么内容?

二、听第一则消息,选择正确答案:

1. A. 参加宣传活动　　　　　　B. 拍照片
   C. 看丹顶鹤　　　　　　　　D. 调查丹顶鹤情况

2. A. 受伤了　　　　　　　　　B. 想逃走
   C. 被人抓住了　　　　　　　D. 想找东西吃

3. A. 自己家　　　　　　　　　B. 朋友家
   C. 管理处　　　　　　　　　D. 医院

三、听第二则消息,选择正确答案:

1. A. 向游客宣传　　　　　　　B. 登长城
   C. 保护动物　　　　　　　　D. 保护森林

2. A. 羚羊、狮子、大猩猩　　　B. 豹子、山羊、大猩猩
   C. 大象、狼、熊猫　　　　　D. 大象、狼、熊

3. A. 自然环境比较好　　　　　B. 原始森林消失了一半
   C. 是个宣传的好地方　　　　D. 附近的动物比较多

四、听第三则消息,选择正确答案:

1. A. 乌鲁木齐　　　　　　　　B. 新疆
   C. 西安　　　　　　　　　　D. 无法确定

2. A. 火车出了问题　　　　　　B. 天气不好
   C. 发生了交通事故　　　　　D. 等另一趟火车过去

3. A. 看不清路　　　　　　　　B. 把路刮断了
   C. 火车被埋住了　　　　　　D. 道路被堵住

五、跟读句子并填上正确的词语：

1. 动物是人类的_____自然是我们的_____。
2. 有的则反映出不注意环保所带来的_____。
3. 经过抢救，小丹顶鹤_____了危险。
4. 他们_____人们，这些野生动物快要灭绝了。
5. 大家纷纷_____着火车晚点的原因。
6. 只能等_____了道路以后才能通过。

六、补充练习：

1. A. 要过春节了　　　　　　　B. 放爆竹很危险
   C. 冰面太薄不要滑冰　　　　D. 要注意安全

2. A. 医疗费太贵应该下降
   B. 人们太不注意健康问题
   C. 应该攒一些钱用来治病
   D. 最后一年的医疗费应该付30%

3. 问1：A. 工资低　　　　　　　B. 条件差
        C. 没有人愿意用他　　　D. 想有更多的经验

   问2：A. 担心　　　　　　　　B. 支持
        C. 批评　　　　　　　　D. 羡慕

4. 问1：A. 不太清楚出了什么事　B. 被人打伤了
        C. 出了交通事故　　　　D. 不想演出了

   问2：A. 将会补唱一次　　　　B. 这次不举行了
        C. 这两个人都很想去看　D. 换了个时间

5. 问1：A. 什么是空巢家庭　　　B. 空巢家庭的形成原因
        C. 空巢家庭的好处　　　D. 空巢家庭的坏处

问2：A. 上海人　　　　　　　　B. 南京人
　　　C. 青海人　　　　　　　　D. 西安人

问3：A. 和父母不在一个城市　　B. 父母的房子比较小
　　　C. 没有和父母住在一起　　D. 和父母住在一起

问4：A. 孩子到外地工作　　　　B. 人们有钱了
　　　C. 孩子太少　　　　　　　D. 房子太小

七、请听用快速朗读的课文。

## 第十三课　什么人说话最多？

### 生　词

| | | | |
|---|---|---|---|
| 1. 唠叨 | láodao | (coll.) chatter; be garrulous | くどくど言う<br>잔소리하다, 수다를떨다 |
| 2. 感受 | gǎnshòu | feeling | 感じる<br>느낌 |
| 3. 据 | jù | according to | に基づいて<br>에 따르면 |
| 4. 进化 | jìnhuà | evolution | 進化する<br>진화(하다) |
| 5. 语调 | yǔdiào | <lg.> intonation | 語調<br>어조 |
| 6. 辨别 | biànbié | distinguish | 見分ける、識別する<br>판별하다, 분간하다 |
| 7. 方式 | fāngshì | way; fashion; pattern | 方式、やり方<br>방식 |
| 8. 重复 | chóngfù | repeat | 繰り返す<br>중복하다, 반복하다 |
| 9. 话题 | huàtí | topic of conversation | 話題<br>화제 |
| 10. 造成 | zàochéng | cause; result in | 引き起こす<br>초래하다, …하게 만들다 |
| 11. 风格 | fēnggé | style; manner | スタイル<br>스타일, 풍격 |

| | | | |
|---|---|---|---|
| 12. 思维 | sīwéi | thinking | 思考<br>사유(하다) |
| 13. 手势 | shǒushì | sign; gesture | ジェスチャー<br>손짓 |
| 14. 以及 | yǐjí | and; as well as | および、並びに<br>및, 그리고 |
| 15. 面部表情 | miànbù biǎoqíng | facial expression | 顔の表情<br>얼굴 표정 |
| 16. 信号 | xìnhào | signal | シグナル<br>신호 |
| 17. 达 | dá | reach | 達する<br>통하다, 가 닿다 |
| 18. 其次 | qícì | next; (conj.) secondary | その次<br>(그) 다음 |
| 19. 一家之主 | yì jiā zhī zhǔ | the head of family | 一家の主<br>한집안의 가장 |
| 20. 沉默 | chénmò | reticent; silent | 口数が少ない<br>침묵하다, 말이 적다 |
| 21. 和尚 | héshang | Buddhist monk | 僧侶<br>승려, 스님 |
| 22. 考古学家 | kǎogǔ xuéjiā | archaeologist | 考古学者<br>고고학자 |
| 23. 作家 | zuòjiā | writer | 作家<br>작가 |
| 24. 律师 | lǜshī | lawyer | 弁護士<br>변호사 |
| 25. 管理员 | guǎnlǐyuán | librarian | 管理人<br>관리원, 관리직원 |
| 26. 推销员 | tuīxiāoyuán | salesman | 販売員<br>영업사원, 세일즈맨 |

## 专有名词

1. 澳大利亚　　　　　　　　　　Àodàlìyà
2. 皮斯　　　　　　　　　　　　Písī
3. 捷克　　　　　　　　　　　　Jiékè

## 攻克生词

1. A. 不太会唱歌　　　　　　　B. 唱了很多歌
2. A. 写字　　　　　　　　　　B. 认字
3. A. 他回答得很简单　　　　　B. 他不愿意回答
4. A. 爸爸　　　　　　　　　　B. 妈妈
5. A. 传统的　　　　　　　　　B. 还没决定
6. A. 已经结婚了　　　　　　　B. 还是学生
7. A. 写的字不一样　　　　　　B. 写的方法不一样
8. A. 图书馆的人　　　　　　　B. 职业介绍所的人
9. A. 姐姐生病的原因　　　　　B. 停电的原因
10. A. 房间里电脑很多　　　　　B. 房间里只能放5台电脑
11. A. 他想问题的方法不一样　　B. 他生活经验很丰富
12. A. 人类怎么养猴子　　　　　B. 猴子和人类的变化过程
13. A. 一件　　　　　　　　　　B. 两件
14. A. 批评　　　　　　　　　　B. 羡慕
15. A. 上下招手　　　　　　　　B. 左右摇手

## 上册（一）生词和练习

练 习

一、听课文，简单回答下列问题：

1. 本文谈论的主要话题是什么？

2. 课文提到了几个语言学家？

二、听第一、二段，选择正确答案：

1. A. 男性语调多
   B. 女性语调高
   C. 女性分不清男性的语调
   D. 男性分不清女性的语调

2. A. 女性总在谈新话题
   B. 男女的交流方式有差别
   C. 女性爱重复谈一个话题
   D. 男女的语调方式基本一样

三、听第三段，选择正确答案：

1. A. 大脑结构不同      B. 进化
   C. 声带结构不同      D. 身体结构不同

2. A. 手势              B. 表情
   C. 通信              D. 语音

四、听第四段，选择正确答案：

1. A. 35岁上下的主妇    B. 6~12岁的儿童
   C. 45岁左右的父亲    D. 70岁以上的老年男性

2. A. 17~20岁的儿子 B. 35岁上下的主妇
   C. 70岁以上的老人 D. 作为一家之主的父亲

**五、根据课文内容判断正误：**
1. 女人实际上不爱唠叨。
2. 女人每天发出的交流信号男人不能都懂。
3. 说话的多少跟性别无关。
4. 一个人说话的多少会随着年龄而改变。
5. 按照职业划分，说话多少的顺序是教师—作家—警察。

**六、跟读句子并填上正确的词语：**
1. 女性说话时_____使用五种不同的语调。
2. 这就是大多数男人说女人爱_____的原因。
3. 父亲在45岁上下时说话_____增多。
4. 假如从职业角度来说，说话由少到多的顺序为：和尚、_____、作家……

**七、补充练习：**
1. A. 今天下午 B. 明天白天
   C. 明天晚上 D. 后天

2. A. 口语 B. 听力
   C. 写作 D. 报刊

3. 问1：A. 学生的考试成绩 B. 学生的业余爱好
   C. 家长的希望 D. 家长和孩子想法不同

   问2：A. 老师希望学生们成绩好、有爱好
   B. 家长都希望孩子学钢琴
   C. 孩子们并不喜欢钢琴、绘画、书法什么的
   D. 孩子们希望自己的时间多一点

4. 问1: A. 父母的教育　　　　B. 到了新的学校
　　　C. 交了新朋友　　　　D. 读了好书

　 问2: A. 孩子懂事是因为父母教育得好
　　　B. 家庭教育最重要
　　　C. 没念过书的人家里没有大学生
　　　D. 每家都有念博士的

　 问3: A. 学校的教育非常重要
　　　B. 孩子懂事跟交朋友关系不大
　　　C. 孩子懂事跟父母关系不大
　　　D. 没念过书的人家里也有大学生

八、请听用快速朗读的课文。

## 第十四课　谈谈休闲食品

### 生　词

| | | | |
|---|---|---|---|
| 1. 休闲 | xiūxián | at leisure | レジャー、仕事以外の時間<br>한가롭게 지내다(즐기다) |
| 2. 零食 | língshí | snack | 間食<br>군것질 |
| 3. 引起 | yǐnqǐ | lead to | 引き起こす<br>야기하다, 초래하다 |
| 4. 营养 | yíngyǎng | nutrition | 栄養<br>영양 |
| 5. 价值 | jiàzhí | value | 価値<br>가치 |
| 6. 饮食 | yǐnshí | food and drink; diet | 飲食<br>"의·식·주" 중의 "식" |
| 7. 有益 | yǒuyì | be beneficial to | 有益である<br>유익하다, 도움이 되다 |
| 8. 祖先 | zǔxiān | ancestor | 祖先<br>조상, 선조 |
| 9. 打猎 | dǎ liè | hunt | 猟をする<br>사냥하다 |
| 10. 分享 | fēnxiǎng | share | 分かち合う<br>(행복·기쁨 따위를) 나누다, 누리다 |
| 11. 食物 | shíwù | food | 食べ物<br>음식물 |

| | | | | |
|---|---|---|---|---|
| 12. | 丰盛 | fēngshèng | rich; sumptuous | 盛りだくさんの<br>풍성하다 |
| 13. | 正餐 | zhèngcān | dinner | ランチ・ディナー<br>정찬 |
| 14. | 至少 | zhìshǎo | at least | 少なくとも<br>최소한, 적어도 |
| 15. | 炸土豆片 | zhá tǔdòupiàn | potato chips | 油で揚げたジャガイモ<br>포테이토칩 |
| 16. | 软饮料 | ruǎnyǐnliào | soft drinks | ソフトドリンク<br>소프트 드링크 |
| 17. | 三明治 | sānmíngzhì | sandwich | サンドイッチ<br>샌드위치 |
| 18. | 提供 | tígōng | supply; provide | 供給する<br>제공하다 |
| 19. | 成分 | chéngfèn | component; ingredient | 成分<br>성분 |
| 20. | 碳水化合物 | tànshuǐ huàhéwù | carbohydrate | 炭水化物<br>탄수화물 |
| 21. | 蛋白质 | dànbáizhì | protein | 蛋白質<br>단백질 |
| 22. | 钙 | gài | calcium | カルシウム<br>칼슘(Ca) |
| 23. | 铁 | tiě | iron | 鉄分<br>철분(Fe) |
| 24. | 维生素 | wéishēngsù | vitamin | ビタミン<br>비타민 |
| 25. | 能量 | néngliàng | energy; power | エネルギー<br>에너지 |

## 第十四课

**攻克生词**

1. A. 毕业时可以得到成绩单　　B. 报名时要带的东西
2. A. 一定要吃饱　　　　　　　B. 一定要吃好
3. A. 建议少吃炸鸡　　　　　　B. 炸鸡为什么好吃
4. A. 不会用的东西　　　　　　B. 没有用的东西
5. A. 做好事　　　　　　　　　B. 好好工作
6. A. 抽烟的坏处　　　　　　　B. 失火的原因
7. A. 生病了　　　　　　　　　B. 很注意健康
8. A. 巧克力　　　　　　　　　B. 面包
9. A. 快乐要告诉朋友,痛苦不要告诉朋友
   B. 朋友是一起快乐、一起痛苦的人
10. A. 怎么解决吃的问题　　　　B. 吃在人们生活中的重要性
11. A. 肉　　　　　　　　　　　B. 水果
12. A. 少　　　　　　　　　　　B. 多
13. A. 欧洲　　　　　　　　　　B. 亚洲
14. A. 怎么度过业余时间　　　　B. 跟业余时间有关的新现象
15. A. 晚餐让客人们很满意　　　B. 客人来得非常多

 练　习

一、听课文,简单回答下列问题:

1. 本文谈论的主要话题是什么?

2. 课文对什么人做了比较?

83

## 二、听第一段,选择正确答案:

1. A. 休闲食品不应该叫"零食"
   B. 很多人认为休闲食品不利于健康
   C. 很多人认为休闲食品有营养价值
   D. 多吃休闲食品不会影响健康

2. A. 一日三餐
   B. 一日两餐
   C. 一日多餐加上一些休闲食品
   D. 一日一餐加上一些休闲食品

## 三、听第二段,选择正确答案:

1. A. 先吃正餐后吃水果　　　B. 先吃水果后吃正餐
   C. 外出打猎时必须吃一些水果　　D. 喜欢和家人一起吃水果

2. A. 吃休闲食品的历史　　　B. 休闲食品和正餐的区别
   C. 什么是休闲食品　　　　D. 怎样吃正餐

## 四、听第三段,选择正确答案:

1. A. 不同国家的人　　　　　B. 不同国家的成人
   C. 五年级和六年级的学生　　D. 不同国家的儿童

2. A. 澳大利亚儿童不常吃休闲食品
   B. 墨西哥儿童进餐次数最少
   C. 儿童们一般在下午吃休闲食品
   D. 英国人不是一日三餐

3. A. 1.68次　　　　　　　　B. 4.7次
   C. 6.5次　　　　　　　　　D. 3次

五、听第四段,选择正确答案:
　　1. A. 男性更喜欢吃休闲食品
　　　 B. 休闲食品很有营养
　　　 C. 休闲食品的钙成分最多
　　　 D. 男女喜欢的休闲食品基本一样

　　2. A. 巧克力、水果、炸土豆片　　　B. 蛋糕、软饮料和三明治
　　　 C. 软饮料、三明治、水果　　　　D. 炸土豆片、蛋糕和巧克力

六、根据课文内容判断正误:
　　1. 休闲食品是最好的食品。
　　2. 女性比较喜欢吃甜食。
　　3. 吃休闲食品的次数没有科学规定。
　　4. 人们从食物获得的能量中,休闲食品占了一半以上。
　　5. 大人从休闲食品中得到的营养比孩子更多。

七、跟读句子并填上正确的词语:
　　1. 人们一般把休闲食品称作"＿＿＿＿"。
　　2. 适当吃一些休闲食品对健康是＿＿＿＿的。
　　3. 他们和家人、朋友一起＿＿＿＿他们获得的食物。
　　4. 休闲食品实际上可以＿＿＿＿多种有用的营养成分。
　　5. 成人从休闲食品中得到的＿＿＿＿比例为15%~20%。

八、补充练习:
　　1. A. 早上　　　　　　　　　　　B. 晚上
　　　 C. 空气新鲜的时候　　　　　　D. 身体健康的时候

　　2. A. 求神拜佛可以解决一些问题
　　　 B. 应该禁止求神拜佛
　　　 C. 科学太不发达了
　　　 D. 21世纪也有人不相信科学

3. 问1: A. 抱怨　　　　　　　B. 满意
　　　C. 怀疑　　　　　　　D. 觉得很正常

　　问2: A. 男的没办法帮助女的
　　　　B. 男的不想帮助女的
　　　　C. 女的要去三趟才能办好手续
　　　　D. 女的对男的不太满意

4. 问1: A. 在大学听课　　　　B. 听收音机
　　　C. 通过互联网　　　　D. 找辅导

　　问2: A. 可以看　　　　　　B. 可以听
　　　　C. 可以读　　　　　　D. 可以有朋友

　　问3: A. 女的也很喜欢通过互联网学习
　　　　B. 女的认为刚开始学外语的人应该用收音机
　　　　C. 男的认为有人一起学习很好
　　　　D. 男的认为自己学习也有好处

九、请听用快速朗读的课文。

# 第十五课  气候与人类的生活

## 生 词

| | | | |
|---|---|---|---|
| 1. 容貌 | róngmào | facial/features; looks; appearance | 顔かたち<br>용모, 생김새 |
| 2. 行为 | xíngwéi | behavior | 行動<br>행위, 행동 |
| 3. 特征 | tèzhēng | characteristic | 特徴<br>특징 |
| 4. 公认 | gōngrèn | generally acknowledge/recognize | 公認の<br>공인하다, 인정하다 |
| 5. 促进 | cùjìn | promote | 促進する、促す<br>촉진하다 |
| 6. 新陈代谢 | xīn chén dàixiè | metabolism | 新陳代謝<br>신진대사 |
| 7. 亭亭玉立 | tíngtíng yù lì | slim and gracefully (of women) | 整っていて姿が美しい<br>여자의 몸매가 늘씬한 모양을 형용함 |
| 8. 细腻 | xìnì | fine and smooth; exquisite | きめが細かくなめらかである<br>부드럽고 매끄럽다 |
| 9. 照射 | zhàoshè | shine on; light up; ray | 照射<br>(밝게) 비치다, 쪼이다 |
| 10. 日照时数 | rìzhào shíshù | total number of hours under direct sunlight | 日照時間<br>일조 시간 |
| 11. 倒数 | dào shǔ | countdown | 後から数えて<br>거꾸로(뒤에서부터) 세다 |

| | | | |
|---|---|---|---|
| 12. 暴力 | bàolì | violence; force | 暴力<br>폭력 |
| 13. 盗窃 | dàoqiè | steal | 窃盗<br>도둑질하다, 절도하다 |
| 14. 气压 | qìyā | atmospheric pressure | 気圧<br>기압 |
| 15. 自杀事件 | zìshā shìjiàn | suicide incident | 自殺事件<br>자살사건 |
| 16. 热带 | rèdài | tropic | 熱帯<br>열대 |
| 17. 寒带 | hándài | frigid zone | 寒帯<br>한대 |
| 18. 有限 | yǒuxiàn | limited; finite | 有限の<br>유한하다, 한계가 있다 |
| 19. 耐性 | nàixìng | patience; endurance | 忍耐力<br>인내력 |
| 20. 温和 | wēnhé | temperate; mild; moderate | 温和である<br>(기후・성격 등이) 온화하다, 부드럽다 |
| 21. 直爽 | zhíshuǎng | candid; forthright | さっぱりしている<br>(성격이) 솔직하다, 시원시원하다 |
| 22. 牧民 | mùmín | herdsman | 牧畜民<br>목축민 |
| 23. 风沙 | fēngshā | windblown sand | 風と砂埃<br>모래 바람, 황사 |
| 24. 豪放 | háofàng | bold and unconstrained | 豪放である<br>호방하다, 호탕하다 |
| 25. 湿润 | shīrùn | moist | 湿潤な<br>습윤하다 |

26. 多愁善感　　duō chóu　　sentimental　　感傷的である
　　　　　　　shàn gǎn　　　　　　　　　　늘 애수에 잠기고 감상적이다

## 专有名词

1. 四川盆地　　　　　　　　　　Sìchuān Péndì
2. 云贵高原　　　　　　　　　　Yún-Guì Gāoyuán
3. 因纽特人　　　　　　　　　　Yīnniǔtèrén

## 攻克生词

1. A. 现在生活的情况　　　　B. 数量减少的原因
2. A. 最好　　　　　　　　　B. 最差
3. A. 很高　　　　　　　　　B. 不太高
4. A. 穿什么衣服　　　　　　B. 长什么样子
5. A. 天气　　　　　　　　　B. 气候
6. A. 皮肤好　　　　　　　　B. 皮肤不好
7. A. 人不错　　　　　　　　B. 不太好
8. A. 他的帽子　　　　　　　B. 他的外表
9. A. 被父母打骂的孩子　　　B. 父母不管的孩子
10. A. 下雪　　　　　　　　　B. 大风
11. A. 以前比现在好　　　　　B. 现在比以前好
12. A. 七八岁　　　　　　　　B. 十七八岁
13. A. 不容易被感动　　　　　B. 很容易被感动
14. A. 比较轻松　　　　　　　B. 比较困难
15. A. 杀人的事　　　　　　　B. 交通事故

练 习

一、听课文,简单回答下列问题:
1. 本文谈论的主要话题是什么?

2. 课文提到了什么方面的情况?

二、听第一、二段,选择正确答案:
1. A. 气候使人容貌漂亮　　　B. 杭州的姑娘个子高
   C. 皮肤白是因为温暖、潮湿　D. 成熟早是因为温暖、潮湿

2. A. 杭州夏天很热
   B. 杭州美女多是因为气候原因
   C. 潮湿气候使人成熟早
   D. 阳光少使人皮肤不好

三、听第三段,选择正确答案:
1. A. 日照时间长,个子就会高
   B. 中国北方日照时间比较少
   C. 中国东部地区的人个子比较高
   D. 南方人比北方人高

2. A. 北京—武汉—广州　　B. 北京—广州—武汉
   C. 广州—武汉—北京　　D. 武汉—广州—北京

四、听第四段,选择正确答案:
1. A. 交通事故的情况　　B. 自杀事件的情况
   C. 天气对人的影响　　D. 气温对人的影响

2. A. 阴雨天气容易有暴力犯罪
   B. 多云天气容易有盗窃犯罪
   C. 气压高容易发生自杀事件
   D. 气温低容易引起暴力犯罪

五、听第五段,选择正确答案:
   1. A. 不同地区的情况          B. 热带地区的情况
      C. 草原牧民的性格特点      D. 山区居民的性格特点

   2. A. 热带地区的人们性格温和  B. 山区的人们容易生气
      C. 草原上的人们很热情      D. 牧民比较多愁善感

六、跟读句子并填上正确的词语:
1. 大家_____杭州姑娘长得漂亮,其中气候是起了很大作用的。
2. 四川男子平均身高居全国_____第二。
3. 气温升高,容易引起_____犯罪。
4. 大部分时间人们只能在_____的空间里跟人相处,往往具有较强的耐性。
5. 在_____的气候以及美丽的自然景色的环境条件下,一般比较多愁善感。

七、补充练习:
   1. A. 以前是邻居            B. 总是一起学习
      C. 现在友谊比以前深      D. 以前就很了解

   2. A. 3个                   B. 2个
      C. 4个                   D. 5个

   3. 问1: A. 恋人             B. 朋友
          C. 夫妻              D. 父女

问2：A. 女的希望男的比自己强
　　　B. 男的有些条件不太好
　　　C. 男的有点不好意思
　　　D. 女的觉得男的很了不起

问3：A. 高兴　　　　　　　　B. 开玩笑
　　　C. 生气　　　　　　　　D. 难过

4. 问1：A. 学费　　　　　　　　B. 教师的质量
　　　　C. 学校的条件　　　　　D. 学校周围环境

　问2：A. 人们都愿意送孩子来　 B. 学校里很漂亮
　　　　C. 收费比较高　　　　　D. 路有点远

　问3：A. 应该换一所便宜点的学校
　　　　B. 学校太远,担心孩子迟到
　　　　C. 应该去这所学校
　　　　D. 最好让学校降一点学费

八、请听用快速朗读的课文。

# 词汇总表

## A

| | | | |
|---|---|---|---|
| 按 | àn | press | 3 |
| 按 | àn | according to | 5 |
| 暗中 | ànzhōng | in secret | 10 |

## B

| | | | |
|---|---|---|---|
| 保暖 | bǎo nuǎn | keep warm | 2 |
| 保养 | bǎoyǎng | maintain | 9 |
| 保证 | bǎozhèng | guarantee; pledge | 11 |
| 保质期 | bǎozhìqī | warranty period | 10 |
| 报道 | bàodào | report (news); news report | 9 |
| 豹子 | bàozi | leopard | 12 |
| 暴力 | bàolì | violence; force | 15 |
| 本来 | běnlái | originally | 4 |
| 笨 | bèn | stupid | 9 |
| 辨别 | biànbié | distinguish | 13 |
| 标价 | biāojià | mark a price | 9 |
| 标志 | biāozhì | sign; symbol | 1 |
| 标准间 | biāozhǔnjiān | standard room | 4 |
| 表面 | biǎomiàn | surface | 10 |
| 别提了 | biétí le | don't mention it | 11 |
| 拨 | bō | dial | 5 |
| 播送 | bōsòng | broadcast; transmit | 2 |
| 捕杀 | bǔshā | hunt | 12 |
| 不如 | bùrú | be inferior to | 9 |
| 不值得 | bù zhíde | not be worthy (of) | 9 |

| 布告栏 | bùgàolán | bulletin board; notice board | 8 |
| 部门 | bùmén | department | 6 |

## C

| 猜 | cāi | guess | 9 |
| 猜测 | cāicè | guess | 12 |
| 草坪 | cǎopíng | lawn | 1 |
| 差别 | chābié | difference | 11 |
| 茶几 | chájī | tea table | 9 |
| 超市 | chāoshì | supermarket | 5 |
| 吵吵闹闹 | chǎochǎo-nàonào | noisy | 8 |
| 车辆 | chēliàng | vehicle | 3 |
| 车速 | chēsù | car speed | 11 |
| 彻底 | chèdǐ | thoroughly | 11 |
| 沉默 | chénmò | reticent; silent | 13 |
| 趁 | chèn | take advantage of; avail oneself of | 10 |
| 成本 | chéngběn | cost | 10 |
| 成分 | chéngfèn | component; ingredient | 14 |
| 城区 | chéngqū | urban | 2 |
| 乘坐 | chéngzuò | ride; take | 3 |
| 重复 | chóngfù | repeat | 13 |
| 愁 | chóu | worry; be anxious/grieved | 6 |
| 出版社 | chūbǎnshè | publisher; publishing house | 8 |
| 出示 | chūshì | show; present | 3 |
| 出租 | chūzū | for rent | 8 |
| 处理 | chǔlǐ | sell | 9 |
| 穿过 | chuānguò | cross; pass through | 1 |
| 床位 | chuángwèi | bed | 4 |
| 促进 | cùjìn | promote | 15 |
| 促销 | cùxiāo | promotion | 10 |

## D

| | | | |
|---|---|---|---|
| 达 | dá | reach | 13 |
| 打工 | dǎ gōng | work (a temporary job) | 6 |
| 打猎 | dǎ liè | hunt | 14 |
| 打折 | dǎ zhé | discount | 6 |
| 大件 | dàjiàn | large-article (luggage) | 3 |
| 大猩猩 | dàxīngxing | gorilla | 12 |
| 大型 | dàxíng | large size | 1 |
| 带 | dài | take; bring | 4 |
| 丹顶鹤 | dāndǐnghè | red-crowned crane | 12 |
| 单人间 | dānrénjiān | single room | 4 |
| 单向 | dānxiàng | one-way | 11 |
| 单子 | dānzi | form | 4 |
| 耽误 | dānwù | delay; postpone | 8 |
| 蛋白质 | dànbáizhì | protein | 14 |
| 倒是 | dàoshì | indicating concession | 11 |
| 倒数 | dào shǔ | countdown | 15 |
| 到达 | dàodá | arrive | 3 |
| 到底 | dàodǐ | after all; in the end | 4 |
| 盗窃 | dàoqiè | steal | 15 |
| 登机 | dēng jī | board | 3 |
| 登机牌 | dēngjīpái | boarding pass | 3 |
| 登记 | dēngjì | register | 5 |
| 等候 | děnghòu | wait for | 12 |
| 地铁 | dìtiě | subway | 3 |
| 电视剧 | diànshìjù | television play | 9 |
| 电源 | diànyuán | power | 5 |
| 顶 | dǐng | *measure word* (for hats, etc.) | 9 |
| 订(满) | dìng(mǎn) | booked (fully) | 4 |
| 栋 | dòng | *measure word*, quantifier for buildings | 1 |

| | | | |
|---|---|---|---|
| 堵(车) | dǔ(chē) | traffic jam | 11 |
| (对)岸 | (duì)àn | the other side of the river | 1 |
| 对手 | duìshǒu | opponent | 7 |
| 多愁善感 | duō chóu shàn gǎn | sentimental | 15 |
| 多退少补 | duō tuì shǎo bǔ | refund or pay based on the difference between the actual cost/spending and the prepaid deposit | 4 |
| 多云 | duōyún | cloudy | 2 |

## E

| | | | |
|---|---|---|---|
| 二手(货) | èrshǒu(huò) | secondhand (goods) | 9 |

## F

| | | | |
|---|---|---|---|
| 发布 | fābù | announce | 2 |
| 发放 | fāfàng | provide; grant | 12 |
| 凡是 | fánshì | every | 9 |
| 反正 | fǎnzheng | anyway; anyhow; in any case | 9 |
| 方式 | fāngshì | way; fashion; pattern | 13 |
| 分机 | fēnjī | extension | 5 |
| 分享 | fēnxiǎng | share | 14 |
| 纷纷 | fēnfēn | in succession; one after another | 12 |
| 丰盛 | fēngshèng | rich; sumptuous | 14 |
| 风格 | fēnggé | style, manner | 13 |
| 风沙 | fēngshā | windblown sand | 15 |
| 服装节 | fúzhuāngjié | clothing festival | 4 |
| 负担 | fùdān | burden | 8 |
| 负责 | fùzé | be responsible (for); be in charge of | 7 |

## G

| | | | |
|---|---|---|---|
| 改造 | gǎizào | transform; reform; remold | 11 |
| 钙 | gài | calcium | 14 |
| 干脆 | gāncuì | simply | 11 |
| 赶上 | gǎnshàng | catch up with | 4 |
| 赶时间 | gǎn shíjiān | in a rush | 11 |
| 感受 | gǎnshòu | feeling | 13 |
| 高科技 | gāokējì | high-tech | 10 |
| 高手 | gāoshǒu | ace; expert | 7 |
| 隔 | gé | separate | 1 |
| 各种各样 | gè zhǒng gè yàng | all kinds of | 8 |
| 根本 | gēnběn | simply (usually used in the negative) | 8 |
| 更新 | gēngxīn | renew; replace | 6 |
| 公认 | gōngrèn | generally acknowledge/recognize | 15 |
| 供 | gōng | supply; feed; be for (the use/convenience of) | 6 |
| 供应 | gōngyìng | supply | 4 |
| 购买 | gòumǎi | purchase | 10 |
| 够本 | gòu běn | make enough money to cover cost | 9 |
| 够呛 | gòuqiàng | (coll.) unbearable; terrible; enough | 5 |
| 拐 | guǎi | turn | 1 |
| 关键 | guānjiàn | key; crux; hinge | 8 |
| 管理员 | guǎnlǐyuán | librarian | 13 |
| 冠军 | guànjūn | champion | 7 |
| 广告 | guǎnggào | advertisement | 1 |

## H

| | | | |
|---|---|---|---|
| 寒带 | hándài | frigid zone | 15 |

| | | | |
|---|---|---|---|
| 航班 | hángbān | flight | 3 |
| 豪放 | háofàng | bold and unconstrained | 15 |
| 合(买) | hé(mǎi) | joint (purchase) | 9 |
| 和尚 | héshang | Buddhist monk | 13 |
| 荷花 | héhuā | lotus flower | 1 |
| 后悔 | hòuhuǐ | regret | 11 |
| 后期 | hòuqī | later stage | 2 |
| 呼吁 | hūyù | appeal | 12 |
| 画面 | huàmiàn | tableau | 9 |
| 话题 | huàtí | topic of conversation | 13 |
| 怀疑 | huáiyí | doubt, suspect | 10 |
| 环保 | huánbǎo | environmental protection | 12 |
| 换乘 | huànchéng | transfer (transportation) | 3 |
| 黄金周 | huángjīnzhōu | golden week (5/1, 10/1) | 4 |
| 回升 | huíshēng | rise again | 2 |
| 混 | hùn | mix; confuse | 10 |
| 货 | huò | goods; commodity | 10 |

## J

| | | | |
|---|---|---|---|
| 积压 | jīyā | keep long in stock; overstock | 10 |
| 集体宿舍 | jítǐ sùshè | dormitory | 8 |
| 挤靠 | jǐkào | crowd and lean | 3 |
| 记录 | jìlù | record | 5 |
| 纪念品 | jìniànpǐn | souvenir | 7 |
| 寂寞 | jìmò | lonely | 8 |
| 加收 | jiāshōu | additional charge | 4 |
| 家园 | jiāyuán | homeland; native land | 12 |
| 价值 | jiàzhí | value | 14 |
| 兼职 | jiānzhí | concurrent post | 8 |
| 健美 | jiànměi | strong and handsome; vigorous and graceful | 1 |
| 讲究 | jiǎngjiū | be particular about | 6 |

| 降水概率 | jiàngshuǐ gàilǜ | probability of raining | 2 |
| 交叉 | jiāochā | intersect; cross | 11 |
| 焦急 | jiāojí | anxious | 12 |
| 教学区 | jiàoxuéqū | teaching area | 1 |
| 接近 | jiējìn | approach; near; close | 2 |
| 街舞 | jiēwǔ | street dance | 7 |
| 节约 | jiéyuē | economize; save | 6 |
| (紧)挨 | (jǐn)āi | (closely)adjacent to; next to | 1 |
| 进化 | jìnhuà | evolution | 13 |
| 进货量 | jìnhuòliàng | amount of inbound freight (purchase) | 10 |
| 经由 | jīngyóu | through; via; by way of | 3 |
| 举办 | jǔbàn | conduct; hold; run (an event) | 10 |
| 据 | jù | according to | 13 |
| 决心 | juéxīn | determination | 8 |

## K

| 卡拉OK | kǎlā'ōukèi | karaoke | 7 |
| 侃价 | kǎn jià | offer price; open price | 6 |
| 考古学家 | kǎogǔ xuéjiā | archaeologist | 13 |
| 客户服务中心 | kèhù fúwù zhōngxīn | customer service center | 5 |
| 客满 | kèmǎn | fully booked; full capacity | 3 |
| 空跑 | kōngpǎo | hurry in vain | 11 |
| 恐怕 | kǒngpà | afraid; fear | 11 |
| 控制 | kòngzhì | control | 6 |

## L

| 拉杆箱 | lāgǎnxiāng | roller bag | 3 |
| 唠叨 | láodao | (coll.) chatter; be garrulous | 13 |
| 雷阵雨 | léizhènyǔ | thundershower | 2 |
| 利用 | lìyòng | use; utilize | 8 |
| 联系 | liánxì | contact | 8 |

| | | | |
|---|---|---|---|
| 良 | liáng | good | 2 |
| 凉意 | liángyì | chilliness | 2 |
| （两）侧 | (liǎng)cè | (both) sides | 1 |
| 列表 | liè biǎo | tabulate (facts, figures, etc.) | 6 |
| 羚羊 | língyáng | antelope | 12 |
| 零食 | língshí | snack | 14 |
| 留言 | liú yán | leave a message | 15 |
| 律师 | lǜshī | lawyer | 13 |
| 落伍 | luò wǔ | straggle; drop out; be outdated; old hat | 6 |

## M

| | | | |
|---|---|---|---|
| 埋 | mái | bury | 12 |
| 毛病 | máobìng | problem; defect | 10 |
| 免不了 | miǎnbuliǎo | be unavoidable | 6 |
| 免费 | miǎn fèi | free of charge | 3 |
| 面部表情 | miànbù biǎoqíng | facial expression | 13 |
| 灭绝 | mièjué | become extinct | 12 |
| 明显 | míngxiǎn | obvious | 2 |
| 模型 | móxíng | model | 12 |
| 牧民 | mùmín | herdsman | 15 |

## N

| | | | |
|---|---|---|---|
| 拿手 | náshǒu | adept; expert; good at; confident (in) | 7 |
| 耐性 | nàixìng | patience; endurance | |
| 南下 | nánxià | go (down) south | 2 |
| 闹了半天 | nàole bàntiān | hustle and bustle for a long time | 4 |
| 能量 | néngliàng | energy; power | 14 |
| 牛 | niú | arrogant | 7 |
| 弄 | nòng | make; do; handle | 9 |

## O

| | | | |
|---|---|---|---|
| 偶尔 | ǒu'ěr | occasionally | 8 |

## P

| | | | |
|---|---|---|---|
| 拍(摄) | pāi(shè) | film; shoot | 7 |
| 偏 | piān | inclined | 2 |
| 普遍 | pǔbiàn | common; ordinary | 8 |

## Q

| | | | |
|---|---|---|---|
| 其次 | qícì | next; (conj.) secondary | 13 |
| 气象台 | qìxiàngtái | weather station | 2 |
| 气压 | qìyā | atmospheric pressure | 15 |
| 前台 | qiántái | reception desk | 4 |
| 抢救 | qiǎngjiù | rescue | 12 |
| 抢手 | qiǎngshǒu | in great demand | 8 |
| 清理 | qīnglǐ | sort out; clear (up) | 10 |
| 请教 | qǐngjiào | ask for advice | 7 |
| 求救 | qiújiù | cry for help | 6 |
| 求租 | qiúzū | look for a place to rent | 8 |
| 球迷 | qiúmí | (ball game) fan | 7 |
| 全自动 | quánzìdòng | fully automatic | 5 |
| 缺乏 | quēfá | lack | 6 |
| 确定 | quèdìng | confirm; certain | 5 |

## R

| | | | |
|---|---|---|---|
| 绕 | rào | go/circle around | 1 |
| 热带 | rèdài | tropic | 15 |
| 日照时数 | rìzhào shíshù | total number of hours under direct sunlight | 15 |
| 容貌 | róngmào | facial/features; looks; | |

| | | | |
|---|---|---|---|
| | | appearance | 15 |
| 入门 | rù mén | learn the fundamentals; cross the threshold | 7 |
| 软饮料 | ruǎnyǐnliào | soft drinks | 14 |

## S

| | | | |
|---|---|---|---|
| 塞 | sāi | fill/stuff in | 6 |
| 三明治 | sānmíngzhì | sandwich | 14 |
| 沙尘暴 | shāchénbào | sandstorm | 12 |
| 傻瓜相机 | shǎguā xiàngjī | idiot-proof camera | 7 |
| 擅长 | shàncháng | be good at; genius | 7 |
| 上门服务 | shàng mén fúwù | "to door" service | 5 |
| 上网 | shàng wǎng | go online | 7 |
| 稍(等) | shāo(děng) | wait a moment | 4 |
| (摄氏)度 | (shèshì)dù | (Celsius) degree(s) | 2 |
| 摄影 | shèyǐng | photograph; shooting (a video, movie, etc.) | 7 |
| 省 | shěng | save | 6 |
| 盛开 | shèngkāi | in full bloom; blossom | 1 |
| 湿润 | shīrùn | moist | 15 |
| 食物 | shíwù | food | 14 |
| 事故 | shìgù | accident | 11 |
| 收藏 | shōucáng | collect | 7 |
| 收看 | shōukàn | to watch (TV shows, etc.) | 2 |
| 手势 | shǒushì | sign; gesture | 13 |
| 售后服务 | shòuhòu fúwù | after-sale service | 5 |
| 数码相机 | shùmǎ xiàngjī | digital camera | 7 |
| 双向 | shuāngxiàng | two-way | 11 |
| 睡懒觉 | shuì lǎnjiào | get up late; sleep in | 8 |
| 顺 | shùn | follow | 1 |
| 说不定 | shuōbudìng | perhaps; maybe | 11 |
| 说实在的 | shuō shízài de | honestly speaking | 6 |

| | | | |
|---|---|---|---|
| 思维 | sīwéi | thinking | 13 |
| 撕 | sī | rip; tear | 8 |
| 俗话 | súhuà | common saying; proverb | 10 |
| 随身 | suíshēn | take (have) with | 3 |
| 随时 | suíshí | anytime | 11 |
| 随着 | suízhe | along with; follow; followed by | 12 |

## T

| | | | |
|---|---|---|---|
| 塔 | tǎ | tower | 1 |
| 台阶 | táijiē | step | 3 |
| 碳水化合物 | tànshuǐ huàhéwù | carbohydrate | 14 |
| 套房 | tàofáng | suite | 4 |
| 特长 | tècháng | specialty; special aptitude | 7 |
| 特征 | tèzhēng | characteristic | 15 |
| 提供 | tígōng | supply; provide | 14 |
| 提醒 | tíxǐng | remind | 12 |
| 天气预报 | tiānqì yùbào | weather forecast | 2 |
| 填 | tián | fill in; complete | 4 |
| 铁 | tiě | iron | 14 |
| 亭亭玉立 | tíngtíng yù lì | slim and gracefully (of women) | 15 |
| 通行 | tōngxíng | pass/go through | 11 |
| 同居 | tóngjū | live together; cohabit | 8 |
| 痛快 | tòngkuài | joyful; delighted; to one's heart's content | 9 |
| 投诉 | tóusù | complain | 5 |
| 推销员 | tuīxiāoyuán | salesman | 13 |
| 退房 | tuì fáng | check-out | 4 |
| 托运 | tuōyùn | check for shipment | 3 |
| 脱离 | tuōlí | separate oneself from | 12 |

## W

| | | | |
|---|---|---|---|
| 晚点 | wǎndiǎn | be late or behind schedule | 3 |
| 网上 | wǎng shàng | online | 11 |
| 危害 | wēihài | endanger | 12 |
| 围 | wéi | surround; enclose | 8 |
| 维生素 | wéishēngsù | vitamin | 14 |
| 维修 | wéixiū | maintain; keep in (good) repair | 5 |
| 卫生间 | wèishēngjiān | toilet; rest room | 4 |
| 位于 | wèiyú | be located; positioned; situated | 1 |
| 温和 | wēnhé | temperate; mild; moderate | 15 |
| 无法 | wúfǎ | be unable to; impossible | 12 |
| 物品 | wùpǐn | belongings | 3 |
| 雾 | wù | fog | 2 |

## X

| | | | |
|---|---|---|---|
| 吸引 | xīyǐn | attract | 10 |
| 细腻 | xìnì | fine and smooth; exquisite | 15 |
| 下降 | xiàjiàng | descend; drop | 2 |
| 消费 | xiāofèi | consume | 6 |
| 小动作 | xiǎodòngzuò | petty action; little trick; maneuver | 10 |
| 小区 | xiǎoqū | housing estate | 5 |
| 效果 | xiàoguǒ | effect | 9 |
| 协会 | xiéhuì | association | 7 |
| 新陈代谢 | xīn chén dàixiè | metabolism | 15 |
| 信号 | xìnhào | signal | 13 |
| 行为 | xíngwéi | behavior | 15 |
| 型号 | xínghào | model; type | 5 |
| 熊 | xióng | bear | 12 |
| 休闲 | xiūxián | at leisure | 14 |
| 训练 | xùnliàn | training | 7 |

## Y

| | | | |
|---|---|---|---|
| 沿 | yán | along | 1 |
| 沿途 | yántú | throughout a journey | 3 |
| 样 | yàng | measure word | 9 |
| 咬牙 | yǎo yá | clench/gnash teeth; grind teeth (in sleep) | 6 |
| 野生动物 | yěshēng dòngwù | wildlife | 12 |
| 业务 | yèwù | professional work; business | 5 |
| 业余 | yèyú | amateur | 7 |
| 夜猫子 | yèmāozi | (coll.) night owl | 8 |
| 一般说来 | yìbān shuōlái | generally speaking | 11 |
| 一个劲儿 | yígejìnr | wholeheartedly; devotedly; persistently | 6 |
| 一家之主 | yì jiā zhī zhǔ | the head of family | 13 |
| 一时 | yìshí | a periled of time; a short while | 10 |
| 一天到晚 | yì tiān dào wǎn | all day all night | 8 |
| 以及 | yǐjí | and; as well as | 13 |
| 以至于 | yǐzhìyú | to such an extent as to...; so... that... | 6 |
| 引起 | yǐnqǐ | lead to | 14 |
| 饮食 | yǐnshí | food and drink; diet | 14 |
| 英寸 | yīngcùn | inch | 9 |
| 迎(来) | yíng(lái) | to greet; welcome | 2 |
| 营养 | yíngyǎng | nutrition | 14 |
| 拥有率 | yōngyǒulǜ | ownership percentage | 11 |
| 优美 | yōuměi | elegant; beautiful | 1 |
| 尤其 | yóuqí | especially | 10 |
| 有限 | yǒuxiàn | limited; finite | 15 |
| 有益 | yǒuyì | be beneficial to | 14 |
| 与…相对 | yǔ…xiāngduì | opposite to | 1 |
| 雨夹雪 | yǔ jiā xuě | a mix of rain and snow | 2 |

| 语调 | yǔdiào | <lg.> intonation | 13 |
| 语气 | yǔqì | tone | 9 |
| 浴室 | yùshì | bathroom; shower room | 4 |
| 预订 | yùdìng | subscribe; book; place an order | 4 |
| 预计 | yùjì | predict; estimate | 2 |
| 原始森林 | yuánshǐ sēnlín | virgin forest | 12 |
| 运行 | yùnxíng | more; be in motion | 3 |

## Z

| 暂时 | zànshí | temporary; for the time being | 5 |
| 赞同 | zàntóng | approve of endorse | 11 |
| 早餐券 | zǎocānquàn | breakfast coupon | 4 |
| 造成 | zàochéng | cause; result in | 11 |
| 炸土豆片 | zhá tǔdòupiàn | potato chips | 14 |
| 站台 | zhàntái | platform | 3 |
| 涨 | zhǎng | rise; go up (of water, prices, etc.) | 6 |
| 招待所 | zhāodàisuǒ | guesthouse | 4 |
| 照射 | zhàoshè | shine on; light up; ray | 15 |
| 阵雨 | zhènyǔ | occasional shower | 2 |
| 挣扎 | zhēngzhá | struggle | 12 |
| 挣(钱) | zhèng(qián) | make (money) | 6 |
| 正餐 | zhèngcān | dinner | 14 |
| 正常 | zhèngcháng | normal | 2 |
| 正点 | zhèngdiǎn | sharp on time | 3 |
| 正好 | zhènghǎo | just right; at opportune moment | 10 |
| 正经事 | zhèngjingshì | serious affair | 6 |
| 正门 | zhèngmén | main entrance | 1 |
| 之所以 | zhīsuǒyǐ | the reason why... | 12 |
| 支出 | zhīchū | expenditure | 6 |

| 直拨 | zhíbō | directly dial | 5 |
| 直爽 | zhíshuǎng | candid; forthright | 15 |
| 值得 | zhídé | be worth | 8 |
| 至少 | zhìshǎo | at least | 14 |
| 志愿者 | zhìyuànzhě | volunteer | 12 |
| 致电 | zhìdiàn | send a telegram（to） | 5 |
| 滞销 | zhìxiāo | be unsalable/unmaketable | 10 |
| 中式建筑 | zhōngshì jiànzhù | Chinese style architecture | 1 |
| 终点站 | zhōngdiǎnzhàn | terminal station | 3 |
| 重复 | chóngfù | repeat | 13 |
| 住宿 | zhùsù | stay; put up; get accommodation | 4 |
| 助学金 | zhùxuéjīn | financial aid | 6 |
| 抓紧 | zhuājǐn | pay close attention to | 3 |
| 抓住 | zhuāzhù | catch/seize hold of; grip; grasp | 10 |
| 专门 | zhuānmén | specially; especially | 7 |
| 专业 | zhuānyè | professional | 7 |
| 转 | zhuǎn | turn | 2 |
| 转 | zhuǎn | shift; transfer; transmit | 4 |
| 转 | zhuàn | rotate; revolve; spin | 5 |
| 转让 | zhuǎnràng | transfer possession (to somebody) | 9 |
| 追求 | zhuīqiú | seek; pursue | 6 |
| 咨询 | zīxún | inquiry | 5 |
| 字幕 | zìmù | subtitle | 9 |
| 自杀事件 | zìshā shìjiàn | suicide incident | 15 |
| 总部 | zǒngbù | headquarters | 5 |
| 总面积 | zǒng miànjī | total surface area | 1 |
| 租 | zū | rent | 8 |
| 祖先 | zǔxiān | ancestor | 14 |
| 作家 | zuòjiā | writer | 13 |

| | | |
|---|---|---|
| 作品 | zuòpǐn | works | 7 |
| 坐东朝西 | zuò dōng cháo xī | face west | 1 |

## 专有名词

### A

| | | |
|---|---|---|
| 澳大利亚 | Àodàlìyà | 13 |

### B

| | | |
|---|---|---|
| 北京大科公司 | Běijīng Dàkē Gōngsī | 5 |

### C

| | | |
|---|---|---|
| 长沙 | Chángshā | 3 |
| 《城市晚报》 | 《Chéngshì Wǎnbào》 | 8 |

### F

| | | |
|---|---|---|
| 福州 | Fúzhōu | 3 |
| 复兴门 | Fùxīngmén | 3 |

### G

| | | |
|---|---|---|
| 广东 | Guǎngdōng | 3 |

### H

| | | |
|---|---|---|
| 河北 | Héběi | 3 |
| 河南 | Hénán | 3 |
| 呼和浩特 | Hūhéhàotè | 3 |
| 湖北 | Húběi | 3 |
| 湖南 | Húnán | 3 |
| 霍营 | Huòyíng | 3 |

### J

| | | |
|---|---|---|
| 济南 | Jǐnán | 3 |

| | | |
|---|---|---|
| 捷克 | Jiékè | 13 |

## N

| | | |
|---|---|---|
| 南礼士路 | Nán Lǐshìlù | 3 |

## P

| | | |
|---|---|---|
| 皮斯 | Písī | 13 |

## S

| | | |
|---|---|---|
| 四川盆地 | Sìchuān Péndì | 15 |

## T

| | | |
|---|---|---|
| 天科电器股份有限公司 | Tiānkē Diànqì Gǔfèn Yǒuxiàn Gōngsī | 5 |

## W

| | | |
|---|---|---|
| 万家福超市 | Wànjiāfú Chāoshì | 5 |
| 武昌 | Wǔchāng | 3 |

## X

| | | |
|---|---|---|
| 西单 | Xīdān | 3 |

## Y

| | | |
|---|---|---|
| 一线地铁 | Yīxiàn Dìtiě | 3 |
| 因纽特人 | Yīnniǔtèrén | 15 |
| 云贵高原 | Yún-Guì Gāoyuán | 15 |

## Z

| | | |
|---|---|---|
| 郑州 | Zhèngzhōu | 3 |
| 中央广场 | Zhōngyāng Guǎngchǎng | 3 |

北大版留学生本科汉语教材·语言技能系列

# 汉语中级听力教程

上册 课文
（第二版）

Chinese Intermediate Listening Course

中国語中級ヒアリングテキスト

중국어 중급 청력 교정

刘元满　王　玉　编著

# 编写说明

本教程是原《汉语中级听力教程》的修订本,编写原则与思路在第一版基础上有所拓展和完善,课文的话题也全部作了调整与更新。

## 一、编写原则

本教程的教学对象是已经具有初级汉语水平,掌握了汉语甲级词和部分乙级词(1500~2000个词)的中级学生。

应该说学生在"听"的方面的进步并不只是靠听力这样一种课程来解决的,但听力课程却能够在"听"的方面集中训练,使学生能够熟悉一般所接触到的靠"听"来接收的信息,掌握一些"听"的技巧,从而提高"听"的能力。由于听力本身的特点,课文长、生词量大都会引起疲劳,兴奋度下降,从而影响到学习效率甚至学习热情。因此本教程在课文长度和生词数量上予以有效的控制;课文内容力求新颖、丰富,同时又与学生生活内容接近,突出其实用性。

## 二、体例设计

本教程分上下两册(每册又分为"课文""生词和练习"两个分册),各15课,适合4学时/课;每课由生词、攻克生词、课文、练习、补充练习、快速朗读的课文等六个部分组成。

### 1. 生词

每课生词控制在25个左右,收部分乙级词(虚词及用法比较复杂的形容词和动词)以及个别丙级以上的词。

### 2. 攻克生词

此为本书的一个重要特色。每课均有15个需要重点理解的词语,出现在常用的自然语句中(主要为单句),希望能够贯彻句本位原则,使学生通过听来理解词义,并理解句子的真正含义。

3. 课文

上册课文一般在 600 字以内,下册一般也在 700 字以内。

上册课文内容可分为三类:第一类为学生常常接触到的事务性活动;第二类为学生日常生活内容;第三类为较深一些的话题,突出知识性、讨论性。课文有对话和文章两种形式,对话为作者自编,文章则有原文作为依据,以训练学生的多种适应能力。下册相应增加了讨论性话题内容。另外,我们认为新闻听力的任务一般由其他课程完成,因此新闻听力不是本教程的重点。

4. 练习

本教程以精听为主,练习类型以客观性问题居多,如判断正误、填空等。一般的问句为:"这句话是什么意思""下面哪句话正确""说话人是什么态度""根据这句话,我们可以知道什么"等。所有的问题选项都有四个,答案是唯一的。

我们希望教师在授课时不必拘泥于"听",也可以采用说的形式。特别是学生在选择了错误答案时,用讨论的方式,将课文中的显性信息和隐性信息找出来,引导学生向正确答案靠近,这样的效果会更好一些。

5. 补充练习

本书除课文练习外,还增加了补充练习,与 HSK 形式一致,主要取课文中出现的惯用语、句式,然后展开,有单句及男女对话形式,要求学生通过选项回答问题。每课有四到五个这样的补充练习。

6. 轻松一刻

下册中增加这一内容,可作为泛听材料。

## 三、关于录音

本教程每课都先有一个完整的正常语速朗读的课文录音,然后是分段精听,最后有一个完整的快速朗读的课文录音,使学生能够对所学内容再一次重新整理。

本教程生词部分配有英、日、韩文翻译,上册分别由齐文鸿、高邑勉、卢喜善承担,下册分别由周克、高邑勉、卢喜善承担。本教程是在郭荔女士的督促之下才终于运作成功的,李红印老师参与了前期的筹划工作,编辑宋立文则以其良好的专业修养对本书进行修改、校正,提出了很多好建议。在此,我们对以上人士表示衷心的感谢。

我们希望本书实用、好用,也期待着大家能对本书提出批评和建议,以便我们进一步改进。

编　者

# 目 录

第 一 课　到校园参观一下 ………………………………………… 1
第 二 课　天气预报 ………………………………………………… 8
第 三 课　前往福州的乘客请注意 ………………………………… 18
第 四 课　有没有空房间？ ………………………………………… 28
第 五 课　请您留个联系电话 ……………………………………… 38
第 六 课　钱花到哪去了？ ………………………………………… 46
第 七 课　你也有这个爱好？ ……………………………………… 53
第 八 课　到外面租间房 …………………………………………… 61
第 九 课　买二手的多合适 ………………………………………… 68
第 十 课　便宜真的没好货吗？ …………………………………… 77
第十一课　还不如不买车呢 ………………………………………… 84
第十二课　保护动物　保护环境 …………………………………… 92
第十三课　什么人说话最多？ ……………………………………… 100
第十四课　谈谈休闲食品 …………………………………………… 107
第十五课　气候与人类的生活 ……………………………………… 114

练习参考答案 ………………………………………………………… 121

## 第一课  到校园参观一下

### 攻克生词

1. 我家离这里很近,你往北边看,就在对岸。
   问:说话人的家可能在什么地方?
   A. 路边                    B. 河边

2. 与咖啡馆相对的是一家专门卖考试用书的书店。
   问:书店在哪里?
   A. 在咖啡馆旁边            B. 在咖啡馆对面

3. 比赛的第九名是李阳,我呢,紧挨着他。
   问:我是第几名?
   A. 第八名                  B. 第十名

4. 他经常穿过工厂的院子到学校去。
   问:从这句话我们知道什么?
   A. 工厂在他家和学校中间    B. 他家在工厂里

5. 你绕过这个楼就能看见大门了。
   问:现在他们能看见大门吗?
   A. 能                      B. 不能

6. 这座塔你也许听说过,它是我们这个城市的标志。
   问:这座塔在这个城市有名吗?
   A. 有名                    B. 不太有名

7. 下个月本市有一个大型运动会。
   问：这次运动会可能怎么样？
   A. 参加的人很多          B. 时间很长

8. 苏州位于杭州的东北部,金华则位于杭州的南部。

   问：哪个是苏州？
   A. A                    B. B

9. 这次我们去旅行的地方风景非常优美,你没去真可惜。
   问：说话人觉得对方应该去吗？
   A. 应该去               B. 不应该去

10. 前边过不去,拐到右边第二个路口就能过去了。
    问：这句话的意思是什么？
    A. 路口就在前边         B. 路口在右侧

11. 我们从大路走,他们顺着小路往上爬,结果他们先到了。
    问：从这句话我们知道什么？
    A. 小路很好走           B. 小路近

12. 前面不远,你看见一栋两侧都是马路的大楼,那就是图书馆。

问：图书馆是哪栋楼？
A. 甲　　　　　　　　　　　B. 乙

13. 他们两家中间隔着一个小卖部。

问：上面哪个图正确？
A. 甲　　　　　　　　　　　B. 乙

14. 坐北朝南的房子很容易卖，坐东朝西的就差一点。

问：哪种房子受欢迎？
A. 甲　　　　　　　　　　　B. 乙

15. 沿着这条路一直往前走，大概15分钟左右有一个麦当劳，麦当劳旁边就是中国银行。
问：说话人觉得中国银行容易找到吗？
A. 不太容易　　　　　　　　B. 很容易

课文

　　北京大学位于北京的西北部，校园很美，今天我们就到校园参观一下吧。
　　北大有好几个门，我们先找到正门——西门，从这里进去。与西门相对的那座中式建筑叫办公楼,办公楼两侧各有一座楼,北边的是外文楼,南边的是化学北楼。绕过办公楼,沿着大路往东走几分钟就到了未名湖。未名湖风景优美,经常有很多人在这里散步、学习。对岸那座塔叫博雅塔,它是北大的标志。

从博雅塔继续向南走,就进入了教学区。这里有很多教学楼,北边的理科教学楼最大,里边有很多现代化的教室,一些学院或系的办公室也在这里。从理科教学楼往南,过了四教、三教后再往西拐,就进入了学生生活区。这里有商店、邮局、银行,还有一座有两千多个座位的大讲堂,可以开大会,看演出。紧挨着大讲堂南侧的是三角地,那里贴着很多广告和消息。

从三角地顺路往北走不远就来到了图书馆。图书馆在北大的中心位置,总面积超过5万平方米,有530多万册图书。图书馆西侧有三座坐东朝西的院子,隔着草坪有三座院子与它们相对。这六座院子现在都是办公的地方,东侧中间的院子是中文系,旁边是哲学系,中文系对面的那座院子是历史系。晚上草坪上有很多学生唱歌、聊天,草坪的名字叫"静园"。

从中文系沿着草坪往北走,有一栋两层的中式建筑,叫俄文楼,现在是留学生的教学楼。穿过花园往西,来到一条马路上,你会看见西边不远有一个小湖,夏天荷花盛开,非常美丽。沿着马路向东北方向走,我们就会回到办公楼,离西门也就不远了。

对了,你一定会问,学生在哪里运动呢?南门附近有一个体育馆,室内可以打羽毛球,还可以游泳;室外是大型运动场,可以进行各种比赛。未名湖东侧的是第一体育馆,里面可以打篮球和乒乓球,外面有一个足球场;静园南面的体育馆叫第二体育馆,里面可以练健美,外面可以打篮球、网球等。

练 习

一、听第一遍课文,说说你听到了下列哪些地方:

  未名湖   办公楼   学一食堂   第二体育馆
  物理系   历史系   学生宿舍   大讲堂
  理科教学楼  文科教学楼  图书馆

二、听第二遍课文,在地图上按听到的顺序给加阴影的地方标上 1、2、3、4……的数字:

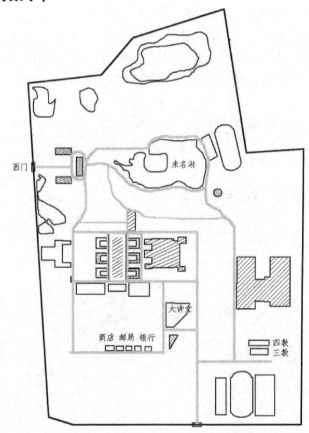

三、听第三遍课文,写出这些地方的名字:

  1._____  2._____  3._____  4._____
  5._____  6._____  7._____  8._____
  9._____  10._____  11._____  12._____

四、根据课文内容判断正误:

1. 西门是最主要的门。
2. 未名湖边有很多参观的人。
3. 理科教学楼全都是教室。
4. 三角地有商店、邮局和银行。
5. 俄文楼西边湖里有荷花。
6. 第一体育馆和第二体育馆里面都可以打篮球。

五、跟读句子并填上正确的词语:

1. 与西门相对的那座＿＿＿＿建筑叫办公楼。
2. 对岸那座塔叫博雅塔,它是北大的＿＿＿＿。
3. 紧＿＿＿＿着大讲堂南侧的是三角地,那里贴着很多广告和消息。
4. 图书馆在北大的中心位置,总＿＿＿＿超过5万平方米,有530多万册图书。
5. 室外是＿＿＿＿运动场,可以进行各种比赛。

六、补充练习:

1和2题根据下面这幅图回答:

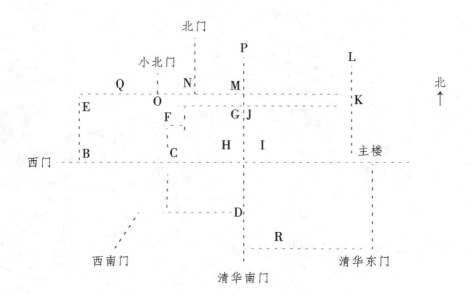

1. 你从南门进去,一直往前,过了主楼前面那条东西向的路,就能看到路的右侧有一栋很大的教学楼,门口停了好多自行车,那是三教。和三教隔着马路相对的是四教,文北楼就在四教的北面。

   问:请问文北楼是哪栋楼?
   A. G      B. M      C. J      D. K

2. 从北门进去,走到尽头是图书馆,不过这是图书馆的后门。大礼堂挨着图书馆,在图书馆前面。你要是从西门走比较好找,从西门第二个路口北边你就能看到清华最有名的二校门,一进二校门,正对着的就是大礼堂了。

   问:请问大礼堂在哪儿?
   A. O      B. E      C. F      D. C

3. 男:对了,小张,上次你说十字路口东南那家小饭馆不错,我去了,路边的饭馆有好几个,都差不多,你说的是哪个呀?
   女:咳,你在路边找当然找不到了,你得过了中间那家往右拐进一条小路,左边第三个门就是,不过正门正在修,你得绕到后门进去。

   问:这家饭馆在哪儿?
   A. 小路里面第三家      B. 十字路口东南第三家
   C. 中间的一家后门旁边      D. 中间的那家左边

4. 女:我从地图上看,这两个村子离得不算太远啊,可为什么有人告诉我开车要很长时间呢?
   男:远不远不能从地图上看,他们隔着一座大山呢。人可以沿着小路翻过去,但是车就只能绕到北边八十公里的山口才有公路。不过,要是坐火车,可以从山里穿过去,比较快。

   问:为什么开车要很长时间?
   A. 这两个村庄都没有公路      B. 两个村子中间有山
   C. 小路太远      D. 火车影响了公路

七、请听用快速朗读的课文。

## 第二课 天气预报

### 攻克生词

1. 他们南下打工,要在我们这里换车。
   问:他们最有可能从什么方向来?
   A. 南边　　　　　　　　B. 北边

2. 运动会预计到8月25号结束。
   问:运动会结束了吗?
   A. 结束了　　　　　　　B. 没有

3. 下面向您播送俞丽拿演奏的小提琴曲。
   问:这是哪儿的节目?
   A. 电视上的　　　　　　B. 收音机里的

4. 观众朋友们大家好,欢迎您准时收看我们的节目。
   问:这可能是哪儿的节目?
   A. 电视上　　　　　　　B. 晚会上

5. 今天天气预报说是阵雨,所以不带伞也不要紧。
   问:他为什么不带伞?
   A. 雨下的时间不长　　　B. 雨下得不大

6. 今年来报名的人数接近300人。
   问:报名的人有多少?
   A. 超过300人　　　　　B. 不到300人

7. 为了考博士，他明显瘦了。
   问：他现在怎么样？
   A. 瘦了一点　　　　　　　　B. 瘦了很多

8. 以前她每次考试都是及格，这次考试得了个良。
   问：这次考得怎么样？
   A. 比以前好　　　　　　　　B. 比以前差

9. 这幅地图挂得偏上了一点。
   问：应该怎么挂？
   A. 再往上一点　　　　　　　B. 再往下一点

10. 他爷爷今天去医院检查身体，医生说他很正常。
    问：他爷爷身体怎么样？
    A. 没问题　　　　　　　　　B. 有一点问题

11. 不知道什么原因，他的成绩最近下降了。
    问：他现在的成绩怎么样？
    A. 比原来好　　　　　　　　B. 比原来差

12. 据天气预报说，北京这几天一直在下雨。
    问：说话人怎么知道北京在下雨？
    A. 看电视　　　　　　　　　B. 听朋友说

13. 随着两个人关系的发展，他们在一起的时间也越来越长了。
    问：这句话的意思是什么？
    A. 因为关系发展了，所以在一起的时间长了
    B. 因为在一起的时间长，所以关系发展了

14. 公司发布了这部电影的一些情况。
    问：我们现在可以看到这部电影吗？
    A. 可以　　　　　　　　　　B. 不可以

15. 明天白天,多云转阴,19到25度,降水概率10%。
    问:明天会下雨吗?
    A. 可能下雨　　　　　　　　　B. 可能不下雨

## (一)北京市天气预报

下面播送北京市气象台今晚7点发布的天气预报:

从昨天中午12点到今天中午12点,我市的空气质量为三级轻度污染。预计今晚8点到明晚8点,我市空气质量为良。

受西北冷空气影响,今天白天我市部分地区出现了阵雨和雷阵雨,气温比前几天明显偏低,下午两点,城区的气温为21.2度,比昨天下降了两度左右。随着秋风轻轻地吹来,人们已经渐渐感觉到秋天的凉意了。

明天将是一个晴天,预计本周后期,气温比今天将有一定的回升,接近正常的气温。

今天夜间,阴,部分地区小雨转多云,偏北风三四级,最低气温12摄氏度。降水概率80%。

明天白天,多云转晴,东北风二到三级,最高气温23摄氏度。降水概率30%。西北部地区阴转多云,12到21度;东北部地区小雨转阴,13到22度;东南部地区多云转晴,12到22度;西南部地区阴转晴,13到23度。

## (二)全国天气预报

晚上好,观众朋友,欢迎收看天气预报节目。

今天是星期一。

上一周,中国的北方迎来了今年的第一场雪,而南方继续以晴到多云天气为主。从这个星期开始,随着冷空气南下,北方大部分地区的气温将有一些回升,而南方部分地区气温则会下降,希望大家出门时注意保暖。从今天晚上到明天,东北大部、西北地区中部以及新疆北部有小到中雪或雨夹雪。西南地区中部、湖北西部有小雨,其中四川中部还将会有中到大雨。黄海和东海北部海面有五到六级偏北风。明天晚上到后天,东北北部、西北西部仍会有小雪或雨夹雪。江南地区东部、广东南部将会有小到中雨。

## (三)城市天气预报

下面请您收看城市天气预报:

| | | |
|---|---|---|
| 北　　京: | 多云转阴 | 零下2到8度 |
| 哈尔滨: | 中雪 | 零下11到零下1度 |
| 沈　　阳: | 雾转小雪 | 零下5到3度 |
| 天　　津: | 阴 | 零下1到6度 |
| 西　　安: | 雨夹雪转多云 | 2到10度 |
| 拉　　萨: | 晴转阴 | 1到13度 |
| 成　　都: | 中雨转小雨 | 10到15度 |
| 上　　海: | 阴转多云 | 9到18度 |
| 广　　州: | 多云转晴 | 14到23度 |
| 香　　港: | 多云 | 15到22度 |
| 台　　北: | 阵雨 | 13到19度 |
| 海　　口: | 晴 | 19到31度 |

汉语中级听力教程
上册(二)课文

练 习

一、听北京市天气预报：

(一) 回答下列问题：

1. 这是哪个时间段的天气预报？

2. 你听到了哪些关于天气的词？

(二) 选择正确答案：

1. 从昨天到明天空气质量有什么变化？
   A. 变好              B. 变得差一点
   C. 变得非常不好      D. 没变化

2. 今天下午空气质量怎么样？
   A. 三级              B. 轻度污染
   C. 良                D. 没有说

3. 今天刮什么风？
   A. 东南风            B. 西北风
   C. 偏北风            D. 东北风

4. 关于今天天气，哪个说法正确？
   A. 全市都在下雨      B. 全天都在下雨
   C. 比前几天热        D. 已经是秋天了

5. 昨天气温大概是多少度？
   A. 19 度             B. 20 度
   C. 21 度             D. 23 度

6. 关于以后的天气,下面哪个说法正确?
   A. 明天接着下雨　　　　B. 本周后期会很热
   C. 本周后期会越来越冷　D. 本周后期会比今天暖和

7. 今天夜里天气怎么样?
   A. 全市都下雨　　　　　B. 整夜都下雨
   C. 大部分地区是阴天　　D. 风会比明天小

(三) 跟读句子并填上正确的词语:
   1. 西北部地区阴转_____,_____到21度。
   2. 东北部地区_____转_____,13到22度。
   3. 东南部地区_____转晴,_____到22度。
   4. 西南部地区阴转_____,_____到_____度。

## 二、听全国天气预报:
(一) 选择正确答案:
   1. 这可能是哪儿的天气预报?
      A. 收音机里的　　　　B. 电视上的
      C. 报纸上的　　　　　D. 互联网上的

   2. 这最可能是几月份的天气预报?
      A. 1月　　　　　　　B. 3月
      C. 7月　　　　　　　D. 11月

   3. 关于南方的天气,下面哪个说法正确?
      A. 最近两周天气差不多　B. 每天都是晴或者多云天气
      C. 不那么冷　　　　　　D. 要下第一场雪

(二) 在给出的位置填上听到的天气：

## 中国地图

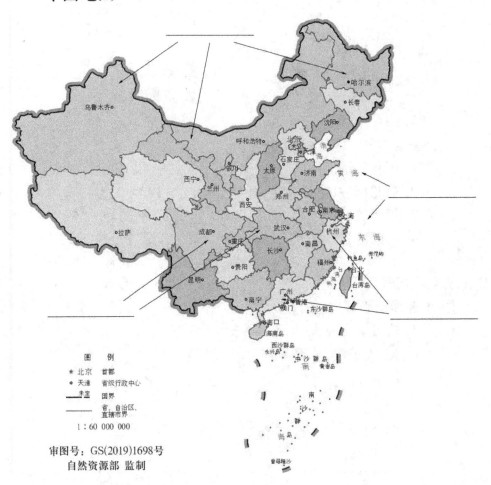

## 三、听城市天气预报：

请在地图相应的城市名称后写上天气和气温：

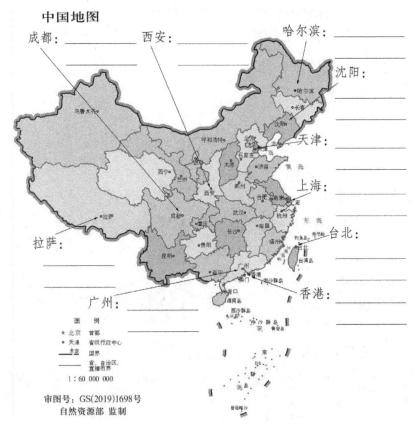

成都：_____ 西安：_____ 哈尔滨：_____
沈阳：_____
天津：_____
上海：_____
台北：_____
香港：_____
广州：_____
拉萨：_____

## 四、补充练习：

1. 参加这个晚会的以毕业生为主,另外还有一些研究生和三年级学生，外系的同学想要参加的话,要交费。

   问：这句话告诉我们什么？
   A. 这个晚会是给毕业生开的
   B. 来参加的人都要交费
   C. 研究生和三年级学生最多
   D. 这是一个和外系同学交流的晚会

2. 上周开始,持续的好天气使北京城的温度再次回升到9摄氏度,但一股冷空气今天中午开始影响北京。晴朗的天空从中午开始转阴,傍晚时还可能会有几片雪花。没有了暖和的阳光,外出的人们会感觉比较冷。另外,今天下午的空气质量逐渐转差,因此,专家建议,今天下午应该减少外出活动。

   问1:上周天气有什么特点?
   A. 一直不好　　　　　　　　B. 越来越冷
   C. 最高9摄氏度　　　　　　D. 最低9摄氏度

   问2:今天天气怎么样?
   A. 最高9摄氏度　　　　　　B. 可能下雪
   C. 空气质量会变好一点　　　D. 没有太阳

   问3:为什么应减少外出?
   A. 刮大风　　　　　　　　　B. 空气不好
   C. 没有太阳　　　　　　　　D. 会下小雪

3. 女:哎,你没看天气预报?说今天有雨,你怎么不带伞呢?
   男:看是看了,不过,预报预报,也就是个大概,你看现在这大晴天,明显不会下啊。
   女:那可不一定,夏天的雨,说来就来。
   男:放心,夏天的雨,就算下了,也是阵雨,中间有点儿空儿我就到家了。
   女:你没问题,我就不行了。

   问1:关于女的,下面哪个说法正确?
   A. 觉得天气预报不准　　　　B. 家很近
   C. 没带伞　　　　　　　　　D. 带伞了

   问2:哪个不是男的没有拿伞的原因?
   A. 没看天气预报　　　　　　B. 不太相信天气预报
   C. 现在天气很好　　　　　　D. 家很近

4. 男：白玉，听说你是个球迷？
   女：算不算球迷我不清楚，不过我倒是没事就想打开电视看会儿球赛。
   男：是吗，女孩子喜欢看球的不多啊。
   女：也许是受我家里人影响吧，我们一家子都是球迷。一到周末就要抢电视。
   男：都是球迷还抢电视？
   女：我哥和我妈看篮球，我和我爸看足球，再说，喜欢的队还不一样呢，两台电视根本不够。
   男：跟我们家差不多。不过，他们都是电视剧迷。

   问1：关于白玉，下面哪个说法正确？
   A. 是足球迷　　　　　　　B. 家里只有一台电视
   C. 只有周末看球赛　　　　D. 周末都和爸爸一起看球赛

   问2：谁影响了白玉的爱好？
   A. 爸爸　　　　　　　　　B. 妈妈
   C. 哥哥　　　　　　　　　D. 整个家庭

   问3：关于男的，下面哪个说法正确？
   A. 家里人抢电视看　　　　B. 家里人都是球迷
   C. 受家里人的影响　　　　D. 家里有两台电视

五、请听用快速朗读的课文。

## 第三课　前往福州的乘客请注意

### 攻克生词

1. 老王行李太多了，我到站台上接他吧。
   问：说话人要去什么地方？
   A. 飞机场　　　　　　　　B. 火车站

2. 百货大楼到了，有换乘地铁的乘客，请在本站下车。
   问：这可能是什么地方的通知？
   A. 公共汽车上　　　　　　B. 地铁上

3. 这趟车从来没正点到过，咱们8点10分去也来得及。
   问：这句话是什么意思？
   A. 这趟车总是晚到　　　　B. 这趟车总是早到

4. 我们将从黄山出发，经由杭州到达上海。
   问：他们从哪儿去上海？
   A. 黄山　　　　　　　　　B. 杭州

5. 飞机四点半起飞，请大家抓紧时间。
   问：说话人是什么意思？
   A. 请快一点　　　　　　　B. 别着急

6. 欢迎您乘坐本次航班。
   问：这是在什么地方说的话？
   A. 飞机上　　　　　　　　B. 火车上

7. 地图上有条近路,可老王电话里没说,我们按地图走吧。
   问:他们打算怎么走?
   A. 自己找                    B. 问老王

8. 爬了三个小时,到了五峰山上才发现原来沿途风景是最美的。
   问:哪里的风景漂亮?
   A. 路上                      B. 山上

9. 快收拾好东西,我们要登机了。
   问:他们要做什么?
   A. 上飞机                    B. 下飞机

10. 别聊了,马上到终点站了,准备准备吧。
    问:他们准备做什么?
    A. 下车                     B. 上车

11. 不要带太多行李,随身带些日用品就行了。
    问:日用品在哪里?
    A. 放在行李里                B. 带在身边

12. 对不起,您的这个拉杆箱太大,需要托运。
    问:这是在什么地方说的话?
    A. 飞机场                   B. 火车站

13. 我刚才打电话问了一下儿,那家旅馆客满了。
    问:那家旅馆还有空房间吗?
    A. 有                       B. 没有

14. 对不起,请出示您的学生证。
    问:说话人最可能是谁?
    A. 门卫                     B. 学生

15. 我买了一台电视,还免费得了一台 800 元的 DVD 机。
    问：DVD 机花了多少钱？
    A. 没花钱　　　　　　　　B. 800 元

## (一)公共汽车

**通知一**

车辆进站,请您注意安全。25 路公共汽车,开往火车站,请您先下后上,按顺序上下车。

**通知二**

102 路电车,开往中央广场,本车为无人售票线路,请您准备好零钱,主动刷卡投币,按顺序上下车。

## (二)地铁

**通知三**

列车运行前方是复兴门,有在复兴门下车的乘客请您准备下车,各位乘客,复兴门是换乘车站,分上下两层,有去往西单、南礼士路方向的乘客请在复兴门下车。从站台中部下台阶换乘一线地铁。复兴门上下车人较多,请您带好自己的行李、物品,抓紧时间上下车——复兴门到了。

**通知四**

各位乘客,列车前方到站是霍营站,从霍营站开始,列车要开右侧车门,请您注意安全,不要挤靠车门。

## (三)火车

### 通知五

各位旅客,列车前方到站是济南站,正点到达济南站的时间是21点46分,列车现在晚点10分。济南车站停车11分,请在济南下车的旅客做好下车前的准备。

### 通知六

本次列车从广州发车时间是19点59分,沿途经由长沙、武昌、郑州等站,经过广东、湖南、湖北、河南、河北等省,下面我把列车沿途各主要站的到站和停车时间向大家介绍一下。列车到长沙车站,明天2点58分到,停车8分;列车到武昌车站,明天6点29分到,停车8分;列车到郑州车站,明天12点04分到,停车6分。列车到达终点站北京西站的时间是明天18点39分。

## (四)飞机场

### 通知七

前往福州的乘客请注意:

您乘坐的FM8116次航班现在开始登机,请带好您的随身物品,出示登机牌,由27号登机口上飞机。谢谢!

### 通知八

乘坐CA1103前往呼和浩特的乘客请注意:

由于本次航班客满,请您将手里的拉杆箱、大件行李送到31号登机口交给工作人员,我们将免费为您进行托运,谢谢合作!

## 练 习

一、听通知一,选择正确答案:

1. 关于25路,我们知道什么?
   A. 准备停车　　　　　　　B. 准备开车
   C. 这是第一站　　　　　　D. 到了终点站

2. 25路的通知是对谁说的?
   A. 对刚下车的人　　　　　B. 对车上的人
   C. 对刚上车的人　　　　　D. 对等车的人

二、听通知二,选择正确答案:

1. 关于102路,我们知道什么?
   A. 车上有售票员　　　　　B. 买票不找钱
   C. 可以卖乘车卡　　　　　D. 第一站是中央广场

2. 102路的通知是对谁说的?
   A. 对等车的人　　　　　　B. 对准备下车的人
   C. 对刚上车的人　　　　　D. 对车上的人

三、听通知三,选择正确答案:

1. 现在列车开到哪儿了?
   A. 快到复兴门了　　　　　B. 还有两站到复兴门
   C. 停在复兴门　　　　　　D. 刚离开复兴门

2. 下面哪个不是复兴门站的特点?
   A. 人比较多　　　　　　　B. 停车时间比较短
   C. 有两层　　　　　　　　D. 可以换乘别的地铁

四、听通知四,选择正确答案:
　　1. 这是一个什么地方的通知?
　　　　A. 火车　　　　　　　　B. 公共汽车
　　　　C. 地铁　　　　　　　　D. 出租车

　　2. 下面哪个是霍营站的特点?
　　　　A. 不太安全　　　　　　B. 站台在车的右边
　　　　C. 上车的人很多　　　　D. 下车的人很多

五、听通知五,选择正确答案:
　　1. 列车几点到济南?
　　　　A. 21:36　　　　　　　B. 21:46
　　　　C. 21:56　　　　　　　D. 21:57

　　2. 列车几点从济南开车?
　　　　A. 21:57　　　　　　　B. 21:47
　　　　C. 22:07　　　　　　　D. 22:06

六、听通知六,选择正确答案:
　　1. 列车是从哪儿到哪儿的?
　　　　A. 广州到北京　　　　　B. 广州到郑州
　　　　C. 长沙到北京　　　　　D. 北京到广州

　　2. 列车几点从武昌站开车?
　　　　A. 2:58　　　　　　　　B. 3:06
　　　　C. 6:29　　　　　　　　D. 6:37

　　3. 列车大概要开多长时间?
　　　　A. 一天一夜　　　　　　B. 一个晚上
　　　　C. 两夜一天　　　　　　D. 一天两夜

七、听通知七,选择正确答案:

1. 通知请乘客做什么?
   A. 登机               B. 带好东西
   C. 带好登机牌         D. 检查行李

2. 下面哪一条通知里没有提到?
   A. 不能带的物品       B. 登机的地方
   C. 登机的航班         D. 飞机到哪儿去

八、听通知八,选择正确答案:

1. 下面哪个说法正确?
   A. 乘客不多           B. 托运不要钱
   C. 拉杆箱可以不托运   D. 自己办理托运手续

2. 通知里没有提到哪件事?
   A. 托运的重量         B. 托运行李的原因
   C. 什么东西需要托运   D. 托运的费用

九、跟读句子并填上正确的词语:

1. 车辆进站,请您_____。
2. 请您先下后上,_____上下车。
3. 请您带好自己的行李、物品,_____时间上下车。
4. 正点到达济南站的时间是 21 点 46 分,列车现在_____10 分。
5. 请带好您的随身物品,_____登机牌,由 27 号登机口上飞机。
6. 我们将_____为您进行托运,谢谢合作!

十、补充练习:

1. 各位乘客大家好,我是 341 号乘务员,本次列车由我为大家服务,如果您有什么需要帮助的,请到乘务员室找我,我会尽可能地帮助大家。

问1：说话人在什么地方？
　　A. 飞机上　　　　　　　B. 火车上
　　C. 公共汽车上　　　　　D. 地铁上

问2：这最可能是什么时候说的话？
　　A. 刚开车的时候　　　　B. 快到站的时候
　　C. 开了一半的时候　　　D. 车停了以后

2. 男：唉，到底几点才能登机啊，咱们都等了一个小时了！
　 女：你没听通知？要咱们去登机口领食品呢，我看中午也不行了。
　 男：这破天气！早知道我就不订今天的机票了。真倒霉！
　 女：谁也不想这样啊，下雨还好，上一次因为下雪，我们在机场等了整整八个小时！
　 男：那还不如回家睡一觉再来呢！
　 女：那是在外地，要不我可能真回家了。别埋怨了，还是先吃点东西吧。

问1：飞机为什么晚点？
　　A. 下雨　　　　　　　　B. 下雪
　　C. 飞机出了问题　　　　D. 机场出了问题

问2：飞机应该什么时候起飞？
　　A. 上午　　　　　　　　B. 中午
　　C. 下午　　　　　　　　D. 晚上

问3：他们现在打算做什么？
　　A. 睡觉　　　　　　　　B. 买食品
　　C. 回家　　　　　　　　D. 吃东西

3. 男：这么多行李啊？你不是已经托运了吗？
　 女：咳，这箱书本来是想送给低年级同学的，后来一想，也许以后还用得着，可是集体托运时间已经过了，所以就决定自己带回去。
　 男：你呀，就是舍不得扔书，你看我，前几天把书全卖了，就带点衣服，一个小箱子，多省事啊。
　 女：我也发愁呢，要不你帮我拿点儿？

男：行啊，全给我都没问题。

女：开玩笑呢，咱们又不是去一个地方，再说，我男朋友会去送我的。

问1：女的为什么行李多？
A. 衣服多　　　　　　　　B. 书多
C. 没有托运　　　　　　　D. 帮同学带行李

问2：关于女的，哪个说法正确？
A. 希望男的送她　　　　　B. 把一些书送给了低年级同学
C. 觉得行李不多　　　　　D. 喜欢书

问3：说话人是什么关系？
A. 男女朋友　　　　　　　B. 同年级同学
C. 不同年级的同学　　　　D. 旅客和工作人员

4. 女：师傅，劳驾，到音乐厅。

男：您是想快点呢还是想近点儿？

女：您的意思是……

男：近点儿咱们就从前面这条路直着下去，不过，这个时间估计走不快。快点儿呢，就是往右上二环，路远，但是快多了。

女：直着走要多长时间啊？

男：现在是下班时间，怎么也要一小时吧，要是走二环，大概半个小时就能到，不过要多走七八公里。

女：我要赶时间，一张票五百多块呢，还是快点吧！

问1：女的去音乐厅干什么？
A. 上班　　　　　　　　　B. 找人
C. 听音乐会　　　　　　　D. 参加演出

问2：下面哪种说法正确？
A. 走二环比较近　　　　　B. 走二环比较快
C. 女的还没有买到票　　　D. 女的对路很熟

问 3：女的打算怎么走？
A. 直着走   B. 走二环
C. 不坐这个车了   D. 先直着走再走二环

**十一、请听用快速朗读的课文。**

## 第四课  有没有空房间？

### 攻克生词

1. 张经理本来明天到上海，因为有事，改在下周三了。
    问：张经理什么时候到上海？
    A. 明天　　　　　　　　　　B. 下周三

2. 我们今天退房，您给办一下手续。
    问：下面哪句话正确？
    A. 他们要离开　　　　　　　B. 他们刚来

3. 每次他们来都各开一个房间，不过，这次他们只住了一个标准间。
    问：他们可能有几个人？
    A. 两个　　　　　　　　　　B. 三个

4. 足球赛的门票从前天就开始预订了。
    问：从这句话我们可以知道什么？
    A. 足球比赛前天开始了　　　B. 足球票已经开始卖了

5. 闹了半天，你们是姐妹俩呀！
    问：说话人是什么意思？
    A. 以前不知道她们是姐妹　　B. 不相信她们是姐妹

6. 我住在中国人家里，平时在学校吃食堂，有时候自己也做一点，所以每个月只付住宿费。
    问：从这句话我们知道什么？
    A. 他一般在学校吃饭　　　　B. 他和这家人一起吃饭

7. 他们买了一套挺不错的房子,还带一个花园呢。
   问:这套房子怎么样?
   A. 在花园里　　　　　　　　B. 有花园

8. 今天结婚的人特别多,这个饭店的坐位都订满了。
   问:如果我们想吃饭,应该怎么办?
   A. 不要去这个饭店　　　　　B. 早点去这个饭店

9. 标准间每天 200 元,小孩要加收 15% 的房费。
   问:实际要交多少钱?
   A. 215 元　　　　　　　　　B. 230 元

10. 我去他家那天,正赶上他们包饺子。
    问:说话人的意思是什么?
    A. 去帮他们包饺子　　　　　B. 不知道他们那天包饺子

11. 这个单子有几个地方你们得填上,住多长时间,带了什么东西。
    问:这可能是谁在说话?
    A. 宾馆服务员　　　　　　　B. 开学报到时的工作人员

12. 这孩子好动,稍不注意就看不见了。
    问:说话人是什么想法?
    A. 喜欢这个孩子　　　　　　B. 有点受不了

13. 我们都是先交十天的钱,一共一百块。多退少补。
    问:如果住了八天,钱怎么算?
    A. 还是一百块　　　　　　　B. 要拿回一些钱

14. 图书馆里供应开水,茶要自己准备。
    问:图书馆里没有什么?
    A. 茶水　　　　　　　　　　B. 开水

15. 收信的地址你就写她哥哥的,然后转李芳华收就可以了。
    问:信是写给谁的?
    A. 她哥哥　　　　　　　　B. 李芳华

## (一)电话预订

(电话铃声)

总机:您好,华林宾馆!

客人:我想预订房间。

总机:我给您转到前台。

前台:您好,前台。

客人:请问你们23号到29号有没有空房间,标准间?

前台:请稍等,我查一下。23号到29号标准间已经订完了,还有两个单人间和两套套房。

客人:套房就算了,那两个单人间挨着吗?

前台:一个在三层,一个在五层。

客人:哎哟,离那么远!我得商量商量。回头再跟您联系吧。

前台:好的。如果方便,您也可以留下您的电话,一有空房间,我们就跟您联系。

客人:不必麻烦了,谢谢!

## (二)饭店

服务台:您好!要住宿吗?

客　人:对。

服务台:您预订过吗?

客　人:没有,有单人间吗?

服务台:单人间没有了,只有标准间了。

客　　人：这么大个饭店，又不是黄金周，怎么会一个单人间也没有呢？

服务台：现在确实不是黄金周！不过正好赶上我们这儿有一个服装节，房间都订满了。如果是平时，当然没问题。

客　　人：一个人住标准间有点太浪费了。会不会有人退房呢？

服务台：有一个客人本来打算住到今天的，但我们退房最晚时间是12点，所以他到底走不走，现在说不好。

客　　人：那这样吧，我先要一个标准间，如果单人间有人退房，就马上告诉我。

服务台：可以，您填一下单子。(待客人填好后)好，这是房间钥匙，这是早餐券，我们早餐是免费的。

客　　人：到几点？

服务台：9点以前。

## (三)普通招待所

客　　人：请问这儿有床位吗？

服务台：三人间还有。

客　　人：带卫生间吗？

服务台：有两种，一种带，一种不带。

客　　人：那价格差多少？

服务台：我们没有加钱，都一样。不带卫生间的房间大，位置好，都朝南。旁边有公共厕所和浴室。

客　　人：浴室24小时供应热水吗？

服务台：早上6点到9点，晚上6点到10点。

客　　人：10点？太早了吧！

服务台：夏天会到10点半。

客　　人：那我还是住带卫生间的吧。

服务台：不过我们的卫生间只有冷水，夏天才可以洗澡，冬天得用公共浴室，今天还有客人说我们的浴室挺好的。

客　　人：闹了半天，哪里是卫生间，应该叫厕所才对。

服务台：我们只是个招待所，哪能跟宾馆比呢！

客　人：真没办法。我住三天，怎么交钱？

服务台：您先预付两天的房费。

客　人：我要退房怎么办？

服务台：多退少补，只要您在中午12点前退房就可以，12点以后要加收半天钱。

客　人：好吧，我填一下单子。对了，房间里面已经有人了吗？

服务台：住了两个学生。

一、听第一个对话：

（一）简单回答下列问题：

1. 这是什么人之间的对话？

2. 他们在说什么事？

（二）选择正确答案：

1. 23号到29号还有什么样的房间？
   A. 一个标准间　　　　B. 两个单人间
   C. 两个标准间　　　　D. 一套套房

2. 客人想要什么房间？
   A. 标准间　　　　　　B. 单人间
   C. 套房　　　　　　　D. 什么都可以

3. 客人最后订了什么房间？
   A. 一套套房　　　　　B. 两个单人间
   C. 一个标准间　　　　D. 没有订

二、听第二个对话：

    （一）简单回答下列问题：

        1. 客人预订过房间吗？

        2. 有几位客人要来住宿？

        3. 这里还剩下什么房间？

    （二）选择正确答案：

        1. 为什么现在没有单人间？
           A. 现在是黄金周     B. 现在是节日
           C. 这里在开一个会议   D. 这里在搞一个活动

        2. 客人有什么打算？
           A. 找一个人一起住标准间   B. 只住一天标准间
           C. 以后换房间     D. 等有单人间时再来

        3. 下面哪句话正确？
           A. 有个客人今天要走   B. 有个客人今天可能要走
           C. 今天没有客人要走   D. 有个客人明天才走

        4. 关于早餐，下面哪句话正确？
           A. 很便宜     B. 可以送到房间
           C. 不吃可以退钱   D. 不要钱

三、听第三个对话：

    （一）简单回答下列问题：

        1. 有几位客人要住宿？

        2. 客人住了什么样的房间？

3. 这个招待所条件怎么样?

(二) 选择正确答案:
1. 带卫生间的房间价格怎么样?
   A. 贵两倍              B. 贵一倍
   C. 跟其他一样          D. 便宜一点

2. 这里的浴室怎么开放?
   A. 每天两次            B. 每天三次
   C. 每天6点到9点        D. 24小时都开

3. 这里的卫生间有什么特点?
   A. 24小时有热水        B. 按季节供应热水
   C. 按时间供应热水      D. 没有热水

4. 这里怎么收费?
   A. 住几天就先付几天的钱  B. 必须先付一天的钱
   C. 提前走可以退钱        D. 提前走不退钱

5. 关于那个房间,我们可以知道什么?
   A. 已经有了一个人      B. 刚刚走了一个人
   B. 里面还没有人        D. 可以再住一个人

6. 现在最可能是什么季节?
   A. 冬天                B. 夏天
   C. 秋天                D. 春天

四、跟读句子并填上正确的词语:
1. 23号到29号_____已经订完了,还有两个单人间和两套套房。
2. 您好! 要_____吗?
3. 不过正好_____我们这儿有一个服装节。

4. 会不会有人＿＿＿＿呢?
5. 他到底走不走,现在＿＿＿＿。
6. 可以,您＿＿＿＿一下单子。
7. ＿＿＿＿24小时供应热水吗?
8. ＿＿＿＿,只要您在中午12点前退房就可以。

五、补充练习:

1. 男:我们这儿有很多品牌的电脑,这款笔记本电脑特别受欢迎,我给您打开看看。

   女:不必麻烦了。等我回去跟先生商量商量,回头我再来吧。

   问1:这段对话可能在什么地方?
   A. 饭店              B. 商店
   C. 电脑教室          D. 办公室

   问2:女的实际上对笔记本电脑持什么态度?
   A. 一定要买          B. 不买
   C. 不一定买          D. 下次来再买

2. 女:又不是春节,怎么会一张火车票也买不到呢?

   男:这不是快到国庆节了嘛,每年都这样,卧铺总是要提前买。现在硬座还有,你愿意坐吗?

   女:坐硬座走两天?还不累死了!

   男:那就坐飞机吧。要不就干脆当天到火车站去等退票,也许会买到。

   问1:为什么没有买到卧铺票?
   A. 马上要到春节了      B. 马上要到国庆节了
   C. 一直很难买          D. 这趟火车没有卧铺

   问2:女的有什么打算?
   A. 坐飞机去            B. 坐火车去
   C. 不去了              D. 还没有决定

3. 男：你的关于古代保存粮食的论文写得真不错，打算再读博士吗？
   女：我很想继续研究下去。不过最近我父亲的公司情况不太好，也不知道能不能得到奖学金，到底读不读，现在还说不好。

   问1：女的现在是什么身份？
   A. 博士生　　　　　　　　B. 硕士生
   C. 大学生　　　　　　　　D. 公司职员

   问2：关于女的，下面哪句话正确？
   A. 经济条件不太好　　　　B. 想马上工作
   C. 决定继续读书　　　　　D. 没有得到奖学金

4. 女：你画了一上午，连饭也不吃，画的到底是什么呀？
   男：看不出来吗？这是两个美人在月亮下跳舞！
   女：哦，美人月亮下跳舞，多美啊！可是你这哪里是美人跳舞，应该叫猴子打架才对。
   男：这个你不懂，这是一种最新的画法。你看不懂是水平太低。

   问1：男的画得怎么样？
   A. 很美　　　　　　　　　B. 很小
   C. 很像　　　　　　　　　D. 很差

   问2：男的要画什么？
   A. 猴子打架　　　　　　　B. 美人跳舞
   C. 美人与月亮　　　　　　D. 猴子与月亮

   问3：下面哪句话正确？
   A. 男的觉得自己的画非常好　B. 女的觉得他的画非常美
   C. 女的欣赏水平太低　　　　D. 男的画得很不认真

5. 女：食堂的饭刚开始还可以，可是每天吃就吃腻了，都是一个味儿，还是饭店好，种类那么多！
   男：食堂哪能跟饭店比呢！不过食堂多便宜啊，我们每个月吃食堂没问题，要是在饭店吃，可能过不了十天。
   女：你说的也对。食堂是便宜，可是好多食堂要自己带碗，吃了还要再洗,多麻烦啊!

男:你们女生也怕洗碗呀?我以为就我们男生懒呢!

女:你是在骂我吗?

男:不敢不敢,开个玩笑。要是我能多挣一点钱,就一个星期请你去一趟饭店。

女:你呀,挣了钱就先想到吃。

问1:食堂的饭有什么特点?
A. 很便宜　　　　　　　　B. 很好吃
C. 种类比较多　　　　　　D. 可以不带碗

问2:"食堂哪能跟饭店比呢!"这句话的意思是什么?
A. 食堂比饭店好　　　　　B. 饭店比食堂好
C. 食堂和饭店一样好　　　D. 食堂和饭店一样差

问3:关于男的,下面哪句话正确?
A. 喜欢吃食堂　　　　　　B. 以为女的不怕洗碗
C. 打算请女的去饭店吃饭　D. 挣钱很多

问4:这两个人最有可能是什么关系?
A. 同事　　　　　　　　　B. 师生
C. 同学　　　　　　　　　D. 服务员和顾客

**六、请听用快速朗读的课文。**

## 第五课 请您留个联系电话

### 攻克生词

1. 购买我们公司的电脑,一年内出现问题我们可以上门服务。
   问:一年内电脑出现问题怎么解决?
   A. 到公司去　　　　　　　B. 公司的人来家里

2. 出国留学的事儿,你还是咨询一下刘先生吧。
   问:下面哪种说法正确?
   A. 刘先生对出国比较了解　　B. 刘先生要出国留学

3. 想参加假期旅行的同学请明天下午 2:00 以后到 7 号楼登记。
   问:明天下午做什么?
   A. 出发去旅行　　　　　　B. 报名参加旅行

4. 因为工作上的事儿,我还不能确定春节回不回家。
   问:说话人春节回家吗?
   A. 不回家　　　　　　　　B. 不知道

5. 去年的那次会议内容我都记录下来了,不过这会儿有点想不起来。
   问:去年的会议内容还有办法知道吗?
   A. 有　　　　　　　　　　B. 没有

6. 新买的电视你就放心吧,真的坏了也别着急,一年之内都可以免费维修。
   问:这台电视怎么了?
   A. 需要修理　　　　　　　B. 没什么问题

7. 如果你对公司的服务不满意,可以打电话向经理投诉啊。
   问:打电话干什么?
   A. 告诉经理发生了什么问题    B. 要求经理向自己道歉

8. 这种洗衣机洗衣服时,只要轻轻一按,其他就由洗衣机负责了。
   问:这种洗衣机怎么样?
   A. 洗得很干净    B. 用起来很方便

9. 您这个问题,可以问我们的客户服务中心。
   问:这是在对谁说话?
   A. 来买东西的顾客    B. 买过东西的顾客

10. 我们这边有点事,暂时还到不了,你们先吃吧。
    问:说话人还来吗?
    A. 可能晚一点来    B. 有事不来了

11. 买手机除了要看质量,还要看售后服务怎么样。
    问:这句话在谈什么事情?
    A. 买什么手机好    B. 买手机要注意的问题

12. 还没洗完呢,怎么就不转了?
    问:说话人正在干什么?
    A. 用洗衣机洗衣服    B. 用手洗衣服

13. 我花了一个月时间复习,可昨天一考,我觉得够呛。
    问:这次考得怎么样?
    A. 还可以    B. 不好

14. 今天我给孙路家打了三次电话,想通知他,最后没办法只好留言。
    问:下面哪种说法正确?
    A. 孙路不在家    B. 没办法通知他

15. 我上午给他打电话,可是拨了半天也没拨出去。
    问:发生了什么事情?
    A. 电话没有通　　　　　　B. 没有人接电话

（一）

查号台(电脑声):您好,660号为您服务。

女:您好,请问您查哪儿?

男:您好,我想查一下北京大科公司的电话号码。

女:请您稍等……对不起,请问您知道公司地址吗?

男:地址啊,我也说不准,好像这个公司的客户服务中心在市中心,总部也许是在南城吧——记不太清了。

女:请稍等……对不起,大科公司在我们这里没有登记。

男:是吗?哎呀,实在对不起,刚才是我看错了,是天科公司,不是大科。麻烦您再查一下好吗?

女:好的,您稍等。是北京天科电器股份有限公司吗?

男:对对,就是这个公司。

女:天科公司只在我们这里登记了总部电话。

男:总部就总部吧。

查号台(电脑声):请记录:89568721,请记录:89568721。

（二）

公司(电脑声):您好,这里是天科公司,请直拨分机号,查号请拨零。

男:喂,您好,麻烦您转一下你们公司的洗衣机维修部门。

女:对不起,我们这里是公司总部,不负责维修,维修打免费电话 8008108300。

男：谢谢！

## （三）

公司（电脑声）：您好，欢迎致电北京天科电器股份有限公司。业务咨询请按 1，售后服务请按 2，客户投诉请按 3，语音留言请按 9。

女：您好，请问您有什么事？

男：是这样，我今年 6 月买了一台你们的洗衣机，可是刚用两个月就不转了，你们能不能来人看一下？

女：您的洗衣机是什么型号的？

男：A2460 型，全自动的。

女：您确定电源什么的没有问题吗？

男：那还用说，我都试了好几次了，这一上午就忙这个了。

女：请问您住哪儿？

男：我住幸福小区 6 号楼 305，幸福小区你们知道吗？

女：是万家福超市斜对面的那个小区吗？

男：没错儿，在你们上门服务的范围内。你们什么时候能来？

女：今天恐怕够呛，维修人员现在都出去了，暂时还回不来。加上我们离您那儿远，就算下午回来也不一定来得及赶到您家。明天上午行吗？

男：明天就明天吧。别的事儿就只好换个时间了。

女：请您留个联系电话。

男：87653985，手机 13683725561。——那明天上午我可在家等着啦。

女：好的，再见。

男：再见。

# 练 习

一、听课文,简单回答下列问题:

1. 男的要做什么?

2. 男的分别给谁打了电话?

二、听第一部分,选择正确答案:

1. 最后说的电话号码是哪儿的?
   A. 大科公司                B. 天科公司
   C. 别的电器公司            D. 查号台

2. 女的为什么开始没有告诉公司的电话号码?
   A. 看错了公司名字          B. 没有这个公司
   C. 公司有很多电话          D. 公司没有登记

3. 关于男的,下面哪种说法正确?
   A. 记错了公司名字          B. 记错了公司电话
   C. 记错了公司地址          D. 要找两家公司

三、听第二部分,选择正确答案:

1. 男的为什么打这个电话?
   A. 找公司经理              B. 要修洗衣机
   C. 想买洗衣机              D. 要换洗衣机

2. 下面哪种说法正确?
   A. 电话通了以后,男的又拨了零  B. 接电话的是修洗衣机的
   C. 接电话的是公司经理          D. 在公司维修是免费的

四、听第三部分,选择正确答案:
1. 男的打了哪个服务电话?
   A. 1                    B. 2
   C. 3                    D. 9

2. 洗衣机有什么问题?
   A. 电源有问题            B. 转动不正常
   C. 衣服洗不干净          D. 不工作了

3. 关于男的,下面哪种说法正确?
   A. 明天上午有事儿        B. 明天不能回来
   C. 住在一个幸福楼里      D. 小区里面有一个万家福超市

4. 关于维修人员,下面哪个说法正确?
   A. 不知道小区在哪儿      B. 今天比较忙
   C. 今天回不来            D. 明天上午来不了

五、跟读句子并填上正确的词语:
1. 对不起,大科公司在我们这里没有_____。
2. 请_____:89568721。
3. 您好,麻烦您转一下你们公司的洗衣机_____部门。
4. 您的洗衣机是什么_____的?
5. 您_____电源什么的没有问题吗?
6. 维修人员现在都出去了,_____还回不来。

六、补充练习:
1. 女:今天晚上的演唱会,你到现在还没买到票,我看是去不成了。
   男:这可说不准,上次足球比赛的时候,我就是开始前半个小时在门口买的退票。

   问:男的是什么意思?
   A. 一定能买到票          B. 打算等退票
   C. 想看足球比赛          D. 买不到票就不去了

2. 男：哎,李芳,你终于来了！是不是路上堵车啊？
   女：不好意思,主要是昨天晚上睡得晚,早上九点才起床,加上路不熟,开车绕了很远,结果来晚了,不知道会完了没有？

   问：女的来得晚的原因有几个？
   A. 一个　　　　　　　　　B. 两个
   C. 三个　　　　　　　　　D. 四个

3. 男：上次赵君跟我说这个电影不怎么样,我就没去看,可张梅他们昨天看了回来说特别好,你不是看过吗,真的那么好？
   女：那还用说,张梅是搞电影的嘛。赵君看什么都说不好看,你要是信他,就什么电影也别看了。

   问1：这个电影怎么样？
   A. 男的觉得很好看　　　　B. 男的觉得不好看
   C. 女的觉得很好看　　　　D. 女的觉得不好看

   问2：下面哪句话正确？
   A. 应该相信赵君　　　　　B. 赵君什么电影都爱看
   C. 张梅很懂电影　　　　　D. 张梅不爱看电影

4. 男：小杨,这么晚怎么还不回家啊？
   女：唉,最近家里电脑老出毛病,这不,昨天又打不开了,这些材料明天要用,没办法呀。
   男：老出毛病？那你应该找那家电脑公司修修啊,现在不都是上门服务嘛。
   女：这电脑已经用了四五年了,公司只负责一年的维修。
   男：那要不我帮你看看？
   女：再说吧,我看就算修好了,也用不了多长时间。有空儿你还是帮我挑台新的吧。

   问1：小杨为什么不回家？
   A. 要写东西　　　　　　　B. 要修电脑
   C. 要找男的帮忙　　　　　D. 要找电脑公司

问2：下面哪句话正确？
A. 小杨电脑买了一年	B. 办公室的电脑有毛病了
C. 男的会修电脑	D. 电脑公司应该上门维修

问3：小杨有什么打算？
A. 请男的帮她修	B. 不想修了
C. 去找电脑公司修	D. 先借别人的电脑用

七、请听用快速朗读的课文。

## 第六课 钱花到哪儿去了？

### 攻克生词

1. 我们这里最缺乏的人才不是搞计算机的,也不是搞网络的,而是修电脑的。
   问:什么人才不够用?
   A. 搞研究的	B. 修理机器的

2. 这台电脑是三年前买的,总是出毛病,现在也该更新了。
   问:说话人打算干什么?
   A. 买新电脑	B. 修理电脑

3. 碰上坏人,你最好赶快向警察求救,可是碰上坏人的地方往往没有警察,你最好还是会点功夫。
   问:说话人提出了什么建议?
   A. 有坏人时要马上找警察	B. 自己也要会对付坏人

4. 这幅画我买的时候是两万,现在才一年价格就涨了一万。
   问:现在这幅画多少钱?
   A. 一万	B. 三万

5. 据调查,每年人们在礼品消费方面,得花去大约十分之一的收入。
   问:这句话在谈什么?
   A. 礼品的价格情况	B. 人们在礼品方面花钱的情况

6. 人都免不了会犯错误,犯了错误改了就行。
   问:说话人是什么意思?
   A. 人一定会犯错误	B. 人最好不要犯错误

7. 很多商店都可以侃价,我虽然每次都会让他们便宜一点儿,但实际上还是觉得不讲价比较好。
   问:从这句话我们知道什么?
   A. 他对价格情况不太了解　　　B. 他不喜欢商量价钱

8. 他们都说我肯定戒不了烟,我一咬牙,半年里一根也没抽。
   问:从这句话我们知道什么?
   A. 他很有决心　　　　　　　　B. 他戒烟很难受

9. 杨阳见了我以后一个劲儿地道歉,弄得我很不好意思。
   问:杨阳怎么了?
   A. 不停地道歉　　　　　　　　B. 很不好意思

10. 为了供孩子们上学,他什么苦活儿、累活儿都干。
    问:他干活儿主要为了什么?
    A. 让生活更好一点　　　　　　B. 让孩子们读书

11. 每次我一跟他说正经事,他就谈起别的来了。
    问:他是个什么样的人?
    A. 很严肃的人　　　　　　　　B. 不想解决问题的人

12. 我往柜子里塞了几件毛衣。
    问:他在做什么?
    A. 放衣服　　　　　　　　　　B. 拿衣服

13. 老张已经退休了,可是关于流行歌曲、服装什么的,观念一点都不落伍。
    问:这句话谈到了老张的什么情况?
    A. 喜欢了解最新的东西　　　　B. 不关心流行的东西

14. 张斌现在最愁的不是钱够不够用,而是儿子能不能考上好大学。
    问:张斌现在遇到了什么问题?
    A. 钱不够用　　　　　　　　　B. 儿子的成绩不太理想

15. 森林大火烧了三天三夜,现在总算控制住了,预计今晚或明天早晨就能完全熄灭。
   问:这条新闻是关于什么的?
   A. 火灾的情况　　　　　　　B. 人们怎么救火

①我是一名基本上不愁吃穿的大学生,父母管我的学费、伙食费以及一些零花钱,加上奖学金、助学金,有时候还打工挣点钱,应该说钱不算太少,可我还总是觉得不够用。我知道父母辛辛苦苦供我上大学不容易,可我还是免不了在月底或者学期末的时候,向他们打电话求救。父母说只要我打电话就肯定是要钱,从来不多谈其他的事,这真让我感到惭愧。说实在的,我跟父母的交流还真是不多。

②我想知道我的钱到底花到哪儿去了,就列了一张表,才发现我的钱是这样流走的。

③首先是买书。

④学生嘛,书是一项大支出。现在衣服、食品越来越便宜,书价却是一个劲儿地往上涨。书不像衣服,没办法侃价,只能等书店什么时候打折,但打折的书都不是新书,好书也不太多。现在知识更新这么快,别人都在往前走,自己当然不能落伍,这笔钱实在不能省,只好咬咬牙买下来。为了买到心爱的书籍,我只好常常吃素菜或者方便面。

⑤其次是请客吃饭。

⑥如果说买书是正经事,那么请客吃饭就不好说了。男孩子追求女孩子,请对方吃饭是一个很好的说话机会;同学帮了自己的忙,请对方吃饭也是一个不错的感谢方式;过去的老朋友跑来看望自己,更是应该热情招待。人嘛,在这个社会上总是要跟他人交往

的,再说,别人也要请你呀,这笔钱你说我能省吗?

⑦最后得说说买衣服。

⑧我们这儿并不太讲究穿,很多人穿衣服都很随便,简单、舒服就行。衣服的价格不太高,而且能侃价。

⑨可是对于我来说,一来想给女孩子留一个好印象,二来也有一个毕业找工作的问题,形象很重要,所以我比其他男生喜欢买衣服,运动服、西服、休闲服、牛仔服等。我觉得这也是一种合理消费,可是我缺乏控制自己的能力,看见喜欢的就买下来,结果箱子塞得满满的,以至于同屋都笑我可以开服装店了。

⑩除了以上这些,我还得打电话、看演出……你看,我的钱就这样流走了,很多同学跟我差不多。我也很想节约一点,可哪有什么好办法呢?

练 习

一、听课文,简单回答下列问题:

1. 说话的是什么人?

2. 本文谈论的主要话题是什么?

3. 他的消费主要在什么方面?

二、听第一、二段,选择正确答案:

1. 关于这个学生,下面哪句话不正确?
    A. 父母给他零花钱　　　　B. 打过工
    C. 花钱很节约　　　　　　D. 学习还不错

2. 从这两段话里我们可以知道什么?
    A. 他和父母关系很亲密　　B. 他的钱并不多
    C. 父母不想给他钱　　　　D. 父母对他有意见

三、听第三、四、五、六段,选择正确答案:

1. 在买书方面,他有什么想法?
    A. 书价太贵了 B. 不买打折书
    C. 吃方便面可以节省时间看书 D. 吃素菜可以保持健康

2. 关于请别人吃饭,他有什么看法?
    A. 可以帮助谈恋爱 B. 是大家都花钱的事
    C. 可以不做这样的事 D. 不是交朋友的好办法

四、听第七、八、九段,选择正确答案:

1. 他买衣服的理由是什么?
    A. 价格不高 B. 得到好的评价
    C. 别人都这样 D. 女朋友让买

2. 下面哪句话正确?
    A. 同屋想和他一起开一个小服装店 B. 他打算卖掉一些衣服
    C. 他也觉得衣服买多了 D. 他以后花钱会很节约

五、根据课文内容判断正误:

1. 他觉得没办法减少消费。
2. 跟父母交流太少,他很后悔。
3. 他是一个喜欢交朋友的人。
4. 他是个追求享受的人。
5. 他打算在看演出方面省一点钱。
6. 他的生活内容很丰富。

六、跟读句子并填上正确的词语:

1. 我是一名_____不愁吃穿的大学生。
2. 说实在的,我跟父母的_____还真是不多。
3. 为了买到_____书籍,我只好常常吃素菜或者方便面。
4. 过去的老朋友跑来看望自己,更是应该_____招待。

5. 我觉得这也是一种合理消费,可是我_____控制自己的能力。
6. 你看,我的钱就这样_____了,很多同学跟我差不多。

七、补充练习:

1. 他们俩生活习惯不一样,加上小时候都没住过集体宿舍,现在成了同屋,免不了会闹一点矛盾,但我想慢慢就习惯了。

   问:说话人主要告诉我们什么?
   A. 他们俩生活习惯不一样　　B. 他们俩都没住过集体宿舍
   C. 他们俩是同屋　　　　　　D. 闹矛盾很正常

2. 我跟李小芳确实中学同过一年学,可说实在的,我现在除了她的名字,其他什么都想不起来了。

   问:从这句话我们可以知道说话人的什么情况?
   A. 不喜欢李小芳　　　　　　B. 不了解李小芳
   C. 和李小芳一直同学　　　　D. 很想见见李小芳

3. 男:昨天你的英文歌曲唱得怎么样?
   女:唱完了,大家一个劲儿地鼓掌,可我不会其他英文歌,就给大家唱了首中国民歌。

   问:关于女的,我们知道什么?
   A. 唱了英文歌　　　　　　　B. 去看演出了
   C. 中国民歌唱得很不错　　　D. 喜欢英文歌

4. 男:你好像不太高兴?
   女:那些记者对我的个人情况一问再问,太烦了!
   男:确实是,要是我也会烦的。不过记者就是关心这些话题,要不他们写什么呢?
   女:可是也有好记者,我跟他们聊得也挺好的,只是十个里面能有一个好的就不错了。

问1：女的为什么不高兴？
A. 记者的问题太难了　　　　B. 记者太多了
C. 不喜欢记者的问题　　　　D. 记者的问题太多了

问2：下面哪句话正确？
A. 女的认为记者都只关心个人情况
B. 男的很同情女的
C. 今天的记者里面只有一个比较好
D. 今天来了十个记者

5. 男：刚才新闻说停电是怎么回事？
   女：说高压电线被大风刮断了，以至于整个城市大面积停电，造成了很大经济损失。
   男：我还以为就我们小区停电了呢，昨天我正在电脑上写东西，没保存，全白干了，今天还得从头开始。
   女：我也够倒霉的。正在洗衣服，洗衣机不转了，等了整整一个晚上也没来电，白天又得上班，现在衣服还在洗衣机里呢。

问1：关于停电，新闻没有提到什么？
A. 范围　　　　　　　　　　B. 原因
C. 时间　　　　　　　　　　D. 后果

问2：停电后发生了什么事情？
A. 男的电脑出了问题　　　　B. 女的洗衣机坏了
C. 男的昨天写的东西都没有了　D. 女的上班前洗好了衣服

问3：下面哪句话正确？
A. 男的住的小区电线有问题　B. 大风造成了长时间停电
C. 男的和女的住在同一个小区　D. 女的只好用手洗完衣服

八、请听用快速朗读的课文。

## 第七课  你也有这个爱好?

### 攻克生词

1. 我觉得唱卡拉OK不算什么特长,谁都会唱几句。
    问:说话人是什么意思?
    A. 会唱卡拉OK很普通　　　　B. 唱卡拉OK没有意思

2. 他最擅长跳街舞了,你找他没错。
    问:他跳街舞怎么样?
    A. 跳得很好　　　　　　　　B. 能跳很长时间

3. 昨天比赛的时候,王飞比李一平慢了一点,没得到冠军。
    问:谁是第一名?
    A. 王飞　　　　　　　　　　B. 李一平

4. 明天比赛我们和二班的对手都是四班。
    问:明天我们和谁比赛?
    A. 四班　　　　　　　　　　B. 二班

5. 好吧老石,你说什么时间见面,我负责通知大家。
    问:谁会告诉大家见面的时间?
    A. 老石　　　　　　　　　　B. 说话人

6. 他天天上网聊天,有时候会聊一个晚上。
    问:他喜欢做什么?
    A. 晚上出去聊天　　　　　　B. 用电脑聊天

7. 每次我旅行回来,老张都要找我,因为他收藏门票。
   问:老张喜欢什么?
   A. 门票                    B. 旅行

8. 郑军的网球打得不错,不过,真正的高手应该说是周林。
   问:谁的网球打得更好?
   A. 郑军                    B. 周林

9. 学习的事情你要好好请教李明,不要不好意思。
   问:说话人是什么意思?
   A. 有问题应该问李明          B. 应该帮助李明学习

10. 学校的事情挺忙的,一般我在业余时间踢足球。
    问:说话人可能是做什么的?
    A. 老师                   B. 足球运动员

11. 没想到他谈起物理来挺专业的。
    问:他是研究物理的吗?
    A. 是                     B. 不是

12. 我丈夫是个球迷,所以明天广州队的比赛他一定会去。
    问:她丈夫明天要做什么?
    A. 看比赛                 B. 踢足球

13. 刘涛的英语确实很拿手,不过他最近好像事情很多,可能翻译不了这篇文章。
    问:关于刘涛,下面哪种说法正确?
    A. 英语不好               B. 太忙

14. 我上次到美国是专门参加朋友婚礼的,当然,英语水平也提高了不少。
    问:说话人上次到美国干什么?
    A. 参加婚礼               B. 学英语

15. 别开玩笑了,我的画画儿水平也就刚刚入门。

   问:说话人是什么意思?

   A. 我要进去画画儿　　　　B. 我的水平不高

女:周涛,听说你们班同学得了全校羽毛球赛冠军,是谁啊?

男:羽毛球冠军?没有啊……噢,你说的是赵一凡吧,他得的是乒乓球赛第一名。他小时候专门训练过,乒乓球很专业的。不过,他羽毛球打得确实也不错,我根本不是他的对手。

女:哦,那就是我听错了。

男:说起来赵一凡真是个运动天才,除了乒乓球、羽毛球,他足球、篮球也都很拿手,对了,他还是个街舞高手呢!

女:哟?这么牛哪!我不太了解他,就知道他好像学习不太好。

男:人嘛,总有擅长的方面和不擅长的方面。

女:你的意思是说,爱运动的人学习就一定不好吗?

男:我可没这么说啊!我是说,一个人在这方面花的时间多,在别的方面花的时间就一定会少。就说这个赵一凡吧,不光迷打球、跳舞,还喜欢上网、玩电脑……什么都感兴趣,期末考试前一天晚上,还和朋友一起去唱卡拉OK呢,他哪儿有时间学习啊。

女:不过,这也挺好的,业余生活多丰富啊。再说,业余爱好能得冠军的能有几个?对了,说说你吧,你不是也喜欢乒乓球吗?这次比赛参加了吗?

男:我主要是爱看打乒乓球,另外爱收藏一些和乒乓球有关的纪念品,算是个球迷吧。我那点水平,哪能参加比赛呢?不过,我负责这次比赛的摄影,过几天你就能在学校报纸上看到我的作品了!

女：是吗？你还搞摄影哪！那我有机会要好好请教你。

男：这么说，你也有这个爱好？

女：现在才算刚刚入门吧。其实我的爱好也挺多的，看电影、听音乐、逛商场什么的，不过，我最喜欢的还是旅游，每年都要出去几趟，以前只会用傻瓜相机，拍出来的风景总觉得没有当时好看，最近我叔叔送了我一个挺高级的数码相机，我就想好好学学摄影。

男：那没问题，我玩摄影也算是个特长，回头再介绍你认识一下学校摄影协会的朋友们。

女：真的？太好了！

一、听课文，简单回答下列问题：

1. 这段对话里提到了什么人？

2. 这段对话提到了哪些业余爱好？

二、听第一部分，选择正确答案：

1. 谁得了全校羽毛球赛的冠军？
   A. 周涛　　　　　　　　　B. 赵一凡
   C. 班里的其他同学　　　　D. 不知道是谁

2. 下面说法哪个正确？
   A. 周涛打羽毛球比赵一凡好　　B. 周涛乒乓球打得也不错
   C. 赵一凡小时候学习过乒乓球　D. 赵一凡小时候学习过羽毛球

### 三、听第二部分,选择正确答案:

1. 关于赵一凡,哪个说法不对?
   A. 跳舞很好　　　　　　　　B. 天天运动
   C. 足球、篮球都很好　　　　D. 喜欢运动

2. 女的跟赵一凡关系怎么样?
   A. 不认识　　　　　　　　　B. 不熟
   C. 是同班同学　　　　　　　D. 是好朋友

3. 周涛认为赵一凡学习成绩为什么不好?
   A. 爱运动的人学习都不好　　B. 对学习不感兴趣
   C. 学习时间太少　　　　　　D. 考试前一天没有休息好

4. 下面哪个说法正确?
   A. 周涛业余爱好很多　　　　B. 周涛喜欢唱卡拉OK
   C. 女的业余生活很丰富　　　D. 女的觉得赵一凡了不起

### 四、听第三部分,选择正确答案:

1. 周涛乒乓球打得怎么样?
   A. 很好　　　　　　　　　　B. 还可以
   C. 不太好　　　　　　　　　D. 不会

2. 关于周涛,下面哪个说法正确?
   A. 看了比赛　　　　　　　　B. 没有看比赛
   C. 参加了比赛　　　　　　　D. 负责比赛

3. 关于女的,下面哪个说法正确?
   A. 刚开始学摄影　　　　　　B. 认识摄影协会的人
   C. 现在只爱好旅游　　　　　D. 经常出国旅游

4. 女的为什么学习摄影？
   A. 叔叔让她学摄影　　　　B. 想拍出好风景
   C. 想多认识一些朋友　　　D. 想增加一个爱好

5. 下面哪个不是周涛的爱好？
   A. 摄影　　　　　　　　　B. 收藏
   C. 写作　　　　　　　　　D. 看乒乓球赛

**五、跟读句子并填上正确的词语：**

1. 听说你们班同学得了全校羽毛球赛_____，是谁啊？
2. 他小时候专门训练过，乒乓球很_____的。
3. 人嘛，总有_____的方面和不_____的方面。
4. 我爱_____一些和乒乓球有关的纪念品。
5. 我_____这次比赛的摄影，过几天你就能在学校报纸上看到我的作品了！
6. 最近我叔叔送了我一个挺高级的_____相机。

**六、补充练习：**

1. 女：哎，少见，今天是去约会啊？这么帅！
   男：别开玩笑了，你也知道我还没女朋友呢。我也没办法，毕业找工作，总得正式一点吧。这套衣服还行吧？
   女：当然了，比你平时穿的那些好，以后真去约会也这么穿吧。

   问1：男的要去干什么？
   A. 找女朋友　　　　　　　B. 和对方约会
   C. 和别人约会　　　　　　D. 去找工作

   问2：关于男的，下面哪句话正确？
   A. 今天穿得比较正式　　　B. 今天穿得比较随便
   C. 女的认为他今天穿得不好看　D. 女的认为他平时穿得挺好看

2. 男：我们学校啊,跟你们没法比,宿舍也小,食堂也小,哪儿都差。
   女：不会吧,宿舍是小了点,可还有好多地方挺好的,就说食堂吧,我们学校一共才三个,地方确实大,可人比你们学校多多了。你们这里多舒服啊!
   男：舒服没用,便宜好吃才是最重要的,我还愿意去你们学校挤一挤呢。

   问1：女的觉得对方的学校怎么样？
   A. 只有食堂不错　　　　　B. 只有食堂不好
   C. 好的地方很多　　　　　D. 没有好的地方

   问2：女的学校的食堂怎么样？
   A. 不太舒服　　　　　　　B. 不太好吃
   C. 不便宜　　　　　　　　D. 人不多

3. 女：杨东,你家里摆这么多玩具干什么？打算要孩子啦？
   男：王姐,你这个思想太落后了,现在玩具不光是给小孩儿做的。你看这些多有意思啊,闲着没事儿的时候玩玩,是个不错的休息。
   女：是吗？我怎么看着跟我们家孩子玩的都差不多呢。同事这么多年,没发现你还有这个爱好啊。
   男：我哪儿有那个时间啊,我那位对这个比较感兴趣。

   问1：谁玩这些玩具？
   A. 杨东　　　　　　　　　B. 王姐的孩子
   C. 杨东的妻子　　　　　　D. 杨东的孩子

   问2：下面哪句话正确？
   A. 小孩的玩具大人也都喜欢玩　B. 王姐知道杨东喜欢玩具
   C. 王姐也喜欢玩玩具　　　　　D. 杨东觉得大人玩玩具很好

4. 男：哎,我觉得你的汉语说得相当不错,你去报名参加"汉语桥"大赛吧。

　　女："汉语桥"是什么比赛?

　　男：是中国政府组织的外国人说汉语的比赛,前两天电视里还放过,挺有意思的,其中有个人还跟我同过学呢。

　　女：就我那点水平,平时跟人交流还可以,但是这样的大赛,哪儿敢参加啊。

　　男：其实你的水平跟他们也差不多,有的还不如你呢。

　　女：你这么一说,我还真想试试。

问1:男的是什么态度?
A. 鼓励　　　　　　　　B. 批评
C. 看不起　　　　　　　D. 担心

问2:关于女的,我们知道什么?
A. 参加过"汉语桥"比赛　　B. 觉得自己汉语水平很好
C. 和男的以前是同学　　　D. 可以用汉语跟人交流

问3:关于"汉语桥"大赛,下面哪个说法正确?
A. 男的准备参加　　　　B. 男的比较了解
C. 女的不感兴趣　　　　D. 女的在电视上看过


**六、请听用快速朗读的课文。**

## 第八课 到外面租间房

### 攻克生词

1. 你这个病,光吃药还不行,关键是要注意平时多休息,不要太累。
   问:说话人认为最重要的事情是什么?
   A. 吃药　　　　　　　　　B. 休息

2. 我们店里有各种各样的词典,您可以自己来挑一种您最满意的。
   问:店里的词典怎么样?
   A. 有很多种　　　　　　　B. 有好几种

3. 我和小王在一座大楼工作,虽然不是一个单位,但是偶尔也能见到。
   问:我和小王经常见面吗?
   A. 经常见面　　　　　　　B. 不常见面

4. 你和张雪说再多也没用,我觉得她根本就不喜欢打球。
   问:张雪喜欢打球吗?
   A. 不太喜欢　　　　　　　B. 一点也不喜欢

5. 这间房子我们两个住不下,我想租间大点的。
   问:说话人要做什么?
   A. 求租房子　　　　　　　B. 出租房子

6. 我在一个医院里做些兼职,当然,平时还是在饭店。
   问:说话人可能是什么人?
   A. 医生　　　　　　　　　B. 饭店服务员

7. 我们宿舍楼下是个饭店,经常夜里十二点还吵吵闹闹的。
   问:这句话的意思是什么?
   A. 这里很不安静　　　　　　B. 这里到十二点以后才安静

8. 我家里当然有电话,不过我晚上可能不在家,你打我手机跟我联系吧。
   问:晚上怎么找到说话人?
   A. 打家里电话　　　　　　B. 打手机

9. 咱们还是早点去排队吧,这场演唱会的票挺抢手的呢。
   问:说话人担心什么?
   A. 票被抢走　　　　　　　B. 买不到票

10. 忙了一个星期,到了周末,总算可以睡个懒觉了。
    问:周末可以做什么?
    A. 晚一些睡觉　　　　　　B. 晚一些起床

11. 一到周末,她就在屋子里一天到晚地学外语。
    问:她学习努力吗?
    A. 努力　　　　　　　　　B. 不努力

12. 这次去民族公园玩大家只要带上水和吃的,别的由学校负担。
    问:民族公园门票谁买?
    A. 自己买　　　　　　　　B. 学校买

13. 这个电影时间有点长,不过,我觉得还是很值得看的。
    问:说话人觉得这个电影怎么样?
    A. 好　　　　　　　　　　B. 不好

14. 好了,今天就先到这儿吧,剩下的工作明天再说,别耽误了大家吃饭。
    问:说话人担心什么?
    A. 吃饭太晚　　　　　　　B. 吃饭影响工作

15. 毛新简直就是个夜猫子。
    问：毛新有什么特点？
    A. 动作很灵活　　　　　　B. 不喜欢早睡

①下周各大学就要开学了，校园里已经开始热闹起来。不少大学生早早回到学校就是为了能在学校附近租到自己的房子。

②昨天下午，《城市晚报》的孙记者来到一所大学的校园里，看到各种各样的求租广告已经贴满了学校的布告栏。有一个学生正在贴租房广告，他租房主要是为了考研究生。学校的集体宿舍里住好几个人，每个人都有自己的朋友，房间里一天到晚吵吵闹闹，根本没办法复习，只能到外面找一个安静的地方。虽然租房比较贵，但考研究生一年只有一次机会，花这些钱是很值得的。

③记者按照一张租房广告上的电话号码联系到一位四年级学生，他说，在集体宿舍，晚上大家都要关灯睡觉，而自己是个夜猫子，习惯于夜里看书学习，早上则喜欢睡个懒觉，为了更好地利用时间，他希望有一个自己的房间，虽然租房价钱有点贵，不过他的父母也同意他到外面租间房，房费完全由父母负担。

④当然，出去租房的大学生并不都是为了学习。一位中文系女生说，她今年考上了研究生，九月份开学，所以假期比较轻松，她就在一家出版社找到一个兼职的工作，开学后要一边上课一边上班。为了既能休息好，又不耽误工作、学习，她下决心在学校附近租了一间房子。据了解，因为兼职而租房的情况在研究生中非常普遍。

⑤另外，男女朋友为了同居而到外面租房，这样的情况也不少见。

⑥这么多大学生都想租房，相比之下，出租房屋的广告却少得

可怜,即使有,上面说的房子也大多离学校比较远,偶尔出现一两张条件比较让人满意的广告,但差不多都被先看到的人撕掉了最关键的电话号码。昨天,一位老太太刚站到广告栏前,就被几名大学生围住了。老太太有一套房子,儿子去年出国了,她一个人住觉得有点寂寞,听邻居说大学生租房的比较多,就想先到学校里来看看,没想到竟会这么抢手。

练 习

一、听课文,简单回答下列问题:
　　1. 本文谈论的主要话题是什么?

　　2. 学生租房的原因主要有哪些?

二、听第一、二段,选择正确答案:
　　1. 这里讲的是什么时候的事?
　　　　A. 开学后一个星期　　　　B. 开学前一个星期
　　　　C. 暑假开始后一个星期　　D. 暑假开始前一个星期

　　2. 从这两段话我们可以知道什么?
　　　　A. 暑假里学校很热闹　　　B. 各种广告很多
　　　　C. 很多人已经租到了房子　D. 很多人都在租房子

　　3. 这位大学生租房的主要目的是什么?
　　　　A. 有地方招待朋友　　　　B. 很好地休息
　　　　C. 安静地学习　　　　　　D. 和研究生讨论问题

三、听第三段,选择正确答案:
　　1. 这位大学生为什么要租房?
　　　　A. 和大家生活习惯不一样　　B. 希望晚上能关灯睡觉
　　　　C. 想有更多的休息时间　　　D. 集体宿舍太吵闹

　　2. 关于这位大学生,下面哪个说法正确?
　　　　A. 认识这位记者　　　　　　B. 父母帮他付房费
　　　　C. 觉得租房并不贵　　　　　D. 睡得比较多

四、听第四、五段,选择正确答案:
　　1. 关于这位女生,下面哪个说法正确?
　　　　A. 正在联系一家出版社　　　B. 在假期和开学后都要工作
　　　　C. 为了考研租了房子　　　　D. 快毕业了

　　2. 从这两段话我们可以知道什么?
　　　　A. 男女朋友同居的最多　　　B. 中文系很多学生兼职
　　　　C. 很多人因为兼职而租房　　D. 很多人因为学习而租房

五、听第六段,选择正确答案:
　　1. 出租的房屋有什么特点?
　　　　A. 广告非常少　　　　　　　B. 比较贵
　　　　C. 大部分在学校附近　　　　D. 条件都很好

　　2. 老太太为什么来学校?
　　　　A. 来和租房子的人见面　　　B. 想给儿子租一间房
　　　　C. 想看看租房子的情况　　　D. 想贴一张广告

六、跟读句子并填上正确的词语:
　　1. 各种各样的求租广告已经贴满了学校的_____栏。
　　2. 在集体宿舍,晚上大家都要关灯睡觉,而自己是个_____。
　　3. 假期比较轻松,她就在一家出版社找到一个_____的工作。

4. 偶尔出现一两张条件比较让人满意的广告,但差不多都被先看到的人撕掉了最_____的电话号码。

5. 儿子去年出国了,她一个人住觉得有点_____。

## 七、补充练习:

1. 和电视机比起来,尽管收音机只能听不能看,但是它小巧方便、价格便宜,所以至今仍然受到许多人的喜爱。

   问:从这句话,我们可以知道什么?
   A. 收音机价格越来越便宜　　B. 电视机价格越来越便宜
   C. 现在还有很多人喜欢听收音机　　D. 人们更喜欢电视机

2. 女:上次医生不是让你锻炼吗,现在怎么样了?
   男:一开始我还能按照你说的每天坚持慢跑一个小时,后来我们公司一忙,就坚持不了了。
   女:那可不行,健康最重要,没有健康了,你还怎么工作?这样吧,以后你每天跟我一起跑吧。
   男:你真热心,那好吧,早上六点咱们楼下运动场见面。

   问1:下面哪个说法正确?
   A. 医生不让男的跑步　　B. 女的让男的每天跑步
   C. 男的让女的一起去跑步　　D. 男的每天坚持跑步

   问2:这两个人最有可能是什么关系?
   A. 丈夫和妻子　　B. 医生和病人
   C. 邻居　　D. 同事

3. 女:我记得你们家那儿空气不错,冬天天空也很蓝。
   男:那是什么时候的事儿了!现在污染可厉害了,别说冬天,春天、夏天也早不行了,甚至秋天也看不到几次蓝天。

问1:以前哪个季节空气比较好?
A. 春天　　　　　　　　B. 夏天
C. 秋天　　　　　　　　D. 冬天

问2:现在哪个季节空气最不好?
A. 春天　　　　　　　　B. 夏天
C. 秋天　　　　　　　　D. 冬天

4. 女:汉伟,最近怎么在学校老看不到你啊?
   男:哦,我现在在一家电脑公司打工,公司在中央广场那儿,到学校来回三个小时,所以我在公司旁边租了个房子。
   女:是吗?据说那边租金涨得厉害,看来你这家公司不错。
   男:哪儿啊!我有个朋友有个三居室,便宜租给了我一间,要是按照一般的价钱,我工资的一半都不够。
   女:你运气真好,我也想在外头租一间,还没找到便宜的呢。
   男:集体宿舍不是挺好的嘛,你们女生又安静,我要不是公司远,才不花这钱呢。
   女:你以为就你一个人做兼职啊?

   问1:汉伟现在住在哪里?
   A. 学校宿舍　　　　　　B. 中央广场附近
   C. 学校附近　　　　　　D. 公司宿舍

   问2:关于汉伟,下面哪个说法正确?
   A. 用工资的一半付房租　　B. 租了朋友的房子
   C. 不喜欢集体宿舍　　　　D. 工资比较高

   问3:关于女的,下面哪个说法正确?
   A. 在打工　　　　　　　　B. 租了房子
   C. 不租房子　　　　　　　D. 不喜欢集体宿舍

八、请听用快速朗读的课文。

## 第九课 买二手的多合适

### 攻克生词

1. 我的饮水机是朋友转让给我的。
   问：他的饮水机是怎么来的？
   A. 朋友送给他的　　　　　　B. 朋友卖给他的

2. 面包买多了，不过也不要紧，反正明天也坏不了。
   问：说话人是什么意思？
   A. 希望多买一些面包　　　　B. 明天还吃面包

3. 每到月底，人们都到这里来处理一些旧东西。
   问：这句话主要告诉我们什么？
   A. 卖旧东西的时间　　　　　B. 买旧东西的时间

4. 我跟朋友合租了一套房子，比在学校的集体宿舍便宜一些。
   问：说话人对这套房子满意吗？
   A. 比较满意　　　　　　　　B. 不太满意

5. 广告说的都特别好，实际用一下才知道效果。
   问：说话人建议我们什么？
   A. 不要相信广告　　　　　　B. 可以相信广告

6. 我今天刚买了一部手机，二手货，不过质量还不错。
   问：这是一部新手机吗？
   A. 是　　　　　　　　　　　B. 不是

7. 他可真笨,想出这么一个办法。
   问:这个办法怎么样?
   A. 很好					B. 不好

8. 你都上大二了,再退学从一年级开始上,值得吗?
   问:说话人是什么态度?
   A. 反对					B. 支持

9. 他这个人可真不痛快。
   问:说话人是什么态度?
   A. 不喜欢他				B. 喜欢他

10. 这辆汽车保养得真好,看不出用过五年了。
    问:这辆车怎么样?
    A. 该换了				B. 可以继续开

11. 商店里的标价和实际价格往往不一样,有时候差别还不小呢!
    问:实际价格高还是低?
    A. 高					B. 低

12. 因为经常写东西,我就弄了一台二手电脑。
    问:他的电脑是怎么来的?
    A. 买来的				B. 不太清楚

13. 我猜他有40岁,他气得骂了我一顿。
    问:他的年龄应该有多大?
    A. 不到四十岁			B. 超过四十岁

14. 凡是去过那里的人,都想去第二次。
    问:那里怎么样?
    A. 人们都很喜欢			B. 有一些人不喜欢

15. 这些书新的都已经涨价了,我还按原价卖,够本就行。
   问:说话人觉得价格合适吗?
   A. 应该再高一点　　　　　　B. 合适

（一）

女:你的电视够大的啊,你们楼真不错,房间里还带电视。

男:集体宿舍哪有电视?这是我和同屋合买的。

女:那回国怎么办?再卖掉吗?

男:啊?这个……我还没想那么远!也许吧,不过反正也不太贵,用上一两年也够本了。

女:那倒也是。有电视就是方便!我们上课的时候常常有人讲电视里的新闻、报道、电视剧什么的,我没看过,就没办法参加讨论。虽然也可以看报纸,可是汉字太难记了,我口语还马马虎虎,但是汉字认得很少,拿起报纸来,那么多词都不懂。到底不如电视,可以看画面、听语气,还可以猜意思,有时候还有字幕,好懂多了!

男:电视的好处当然很多啊,我来中国以后,很多东西都是从电视广告上知道的。

女:那我一定得弄一台。只是我还有半年时间就走了,买一台新的觉得有点不值得。

男:买二手的多合适啊。花不了多少钱,走的时候或者送人或者处理掉都行啊。

女:对啊,我怎么没想到呢!我来这儿快一年了,连冰箱也没买,现在想想可真够笨的。

男:一般在学生回国的时候二手货都好买,现在只能贴广告或者上网去找了。

女：那要不你帮我看看？越快越好。

## （二）

A：(敲门进入)你好，我来看看你的东西。我看了你贴的广告，你要转让电视和DVD机？

B：是啊。你看，21英寸，买了三年，保养得很好，跟新的一样。DVD才买了一年。

A：看看效果行吗？

(看后谈价钱)现在新电视也没多少钱，你这个价要得高了点，我两样一起买，再便宜点吧。

B：不能再便宜了！这样吧，如果你都买，我可以送你一点别的东西。凡是标价50元以下的，你喜欢哪件拿哪件。

A：好，你真痛快！哟！东西还真不少，书、CD盘、小书架，这儿还有一个茶几哪！哎，你这顶帽子真漂亮，怎么也要卖啊？

B：那是我去云南的时候买的，实在带不走了，不过这顶帽子已经有人要了。这些东西买的时候都花了不少钱，现在不是要毕业回国嘛，给钱就卖。

A：别的我也没地方放，就要你这把小椅子和这几本书，行吗？

B：没问题。

A：等我找个车来，就把这些东西搬走。钱怎么付？

B：这样吧，你可以先付一半，搬的时候再付另一半。

 练 习

一、听第一个对话：

   （一）简单回答下列问题：

      1. 这段对话发生在什么地方？

2. 他们主要在谈论什么话题?

(二) 选择正确答案:
1. 这台电视是怎么来的?
   A. 朋友送的          B. 学校给的
   C. 同屋买的          D. 和同屋合买的

2. 回国的时候,电视怎么办?
   A. 送人              B. 卖掉
   C. 留在房间          D. 还没考虑

3. 看电视有很多好处,下面哪一条没有提到?
   A. 上课讨论有话题    B. 可以帮助学汉语
   C. 可以了解中国人的生活  D. 知道有什么名牌产品

4. 女的为什么没有买电视?
   A. 认为时间太短不值得  B. 认为电视没太大用
   C. 没找到合买的朋友    D. 没找到合适的二手货

5. 根据课文内容,下面哪句话正确?
   A. 现在快放假了      B. 男的想卖电视
   C. 女的想请男的帮忙  D. 女的还要在这儿呆一年

(三) 跟读句子并填上正确的词语:
1. 你们楼真不错,房间里还_____电视。
2. 反正也不太贵,用上一两年也_____了。
3. 电视还可以猜意思,有时候还有_____,好懂多了!
4. 买二手的多_____啊。花不了多少钱,走的时候再卖掉就行了。
5. 我来这儿快一年了,连冰箱也没买,现在想想可真够_____的。
6. 一般在学生回国的时候二手货很_____。

二、听第二个对话：

(一) 简单回答下列问题：

1. 这两个人是什么关系？

2. 他们在干什么？

(二) 选择正确答案：

1. 买东西的人怎么知道有人要卖东西？
   A. 看见外面的广告    B. 听朋友说的
   C. 上网查到的        D. 正好碰上的

2. 买东西的人开始打算买什么？
   A. 电视、DVD机、小椅子、书  B. 电视、DVD机、书架、茶几
   C. 电视、DVD机、帽子        D. 电视、DVD机

3. 买东西的人要求减价的理由是什么？
   A. 效果不好          B. 跟新电视价格差不多
   C. 买的东西比较多    D. 自己没有太多钱

4. 卖东西的人同意了什么事儿？
   A. 便宜一点          B. 加一点东西
   C. 帮着搬东西        D. 帮着找车拉

5. 卖东西的人是干什么的？
   A. 小贩              B. 学生
   C. 修理电视的        D. 做广告的

(三) 跟读句子并填上正确的词语：

1. 我的电视_____得很好，跟新的一样。
2. 凡是_____50元以下的，你喜欢哪件拿哪件。
3. 好，你真_____！

4. 这些东西买的时候都花了不少钱，现在不是要毕业回国嘛，_____。
5. 你可以先付一半，_____的时候再付另一半。

三、补充练习：

1. 在本国学外语到底不如出国去学，不仅可以学到最标准的语言，可以了解那个国家的历史文化，还可以品尝当地的美味，认识一些当地的朋友，收获太大了！

    问：下面哪一项说话人没有提到？
    A. 吃到美味的食物　　　　B. 学会标准的外语
    C. 可以交新朋友　　　　　D. 参加当地的一些活动

2. 也许我那辆车真的卖便宜了，不过反正也不能带走，用了两年，锻炼了身体，还省了不少打车费，够本了！

    问1：说话人卖的是什么车？
    A. 汽车　　　　　　　　　B. 摩托车
    C. 自行车　　　　　　　　D. 玩具车

    问2：说话人是怎么想的？
    A. 后悔车卖得太便宜　　　B. 觉得车用得很值得
    C. 觉得还是打车好　　　　D. 觉得带走比较好

3. 女：哟，怎么会在这儿碰上你，你也来买东西？
    男：我去百成订票中心订机票，后天去多伦多的，差点就没有了。
    女：你怎么不早点订票？不少地方都能提前订票，而且还能打折优惠呢。
    男：那倒也是。可是出发时间总是定不下来，我也没办法。

    问1：女的在这儿干什么？
    A. 工作　　　　　　　　　B. 买东西
    C. 订票　　　　　　　　　D. 找人

问2：男的为什么没有早订票？
   A. 忘了提前订票          B. 不知道早订票可以优惠
   C. 不知道哪天走          D. 这趟飞机不能提前订票

4. 女：这台DVD再便宜一点吧，便宜50怎么样？
   男：小姐，我们是专卖店，一口价，不打折！
   女：现在快过春节了，什么商店不打折呀？你们店可真行，不怕没有顾客吗？
   男：我们靠优良的服务吸引顾客，凡是我们店售出的商品，质量上都不会有问题。当然春节了，我们也会为顾客考虑。现在正好有一个优惠活动，凡是一次购买500元以上的顾客都可以获得价值100元左右的礼品。您可以再买点别的东西，够500块就行。
   女：你们赠什么东西呀？
   男：在服务台那里，有好几种，您可以随便挑。

   问1：关于DVD，我们可以知道什么？
   A. 价格超过500块         B. 可以同时送100元的东西
   C. 不能便宜               D. 可以便宜一点

   问2：关于这家商店，下面哪句话不正确？
   A. 从来不打折            B. 保证质量
   C. 有时有优惠活动        D. 每次都赠送礼品

5. 女：李伟，在这儿处理东西？就要毕业了，可真快啊。这些词典都是要卖的吗？
   男：是啊，要不我拿这儿来干什么？
   女：我是说，这些词典都挺好的，你怎么舍得卖呢？
   男：公司只给集体宿舍，一个宿舍三个人，哪有地方放书啊。再说，这些词典给低年级的同学用，还能发挥更多的作用。
   女：课本卖就卖了，可是工具书还是有用的吧。
   男：实话告诉你，好词典我都留下来了，这几本学外语用的，我都背下来了。对我来说，已经没什么价值了。
   女：那你打算卖多少钱？

男：看着给吧，给钱就卖。要是没钱，拿走也行，反正都是学生，就当交个朋友。

女：没见过你这么卖东西的。

问1：这段对话最有可能发生在什么地方？
A. 学校  B. 公司
C. 书店  D. 宿舍

问2：李伟为什么要卖书？
A. 帮助别人  B. 没有地方放
C. 需要钱  D. 不喜欢这些词典

问3：关于李伟，下面哪句话正确？
A. 想卖得贵一点  B. 很会卖东西
C. 更喜欢交朋友  D. 很怕学外语

问4：关于女的，我们知道什么？
A. 认为李伟卖东西的方法很好  B. 认为李伟卖东西的方法很奇怪
C. 没见过李伟卖东西  D. 打算买李伟的词典

**四、请听用快速朗读的课文。**

## 第十课  便宜真的没好货吗？

### 攻克生词

1. 每到周末，超市都搞一次促销活动。
   问：周末超市的商品怎么样？
   A. 便宜              B. 品种多

2. 有空儿的时候，你把这屋子里的东西清理一下儿。
   问：屋子里东西多不多？
   A. 太多了            B. 太少了

3. 这面包已经过了保质期了，怎么还在卖？
   问：这面包还能吃吗？
   A. 能                B. 不能

4. 我很怀疑今天小刘说的这些事。
   问：我相信小刘吗？
   A. 不太相信          B. 非常相信

5. 趁这会儿小王没回来我们赶快走吧。
   问：说话人觉得应该什么时候走？
   A. 小王回来后        B. 小王回来前

6. 我们想在您这儿购买几台计算机给毕业班的学生用。
   问：这可能是什么地方？
   A. 学校              B. 商店

7. 虽然这种饮料也卖10块钱,可是它的成本是非常低的。
   问:说话人觉得这种饮料怎么样?
   A. 贵                    B. 便宜

8. 张平来找我的时候,我正好刚从外边回来。
   问:张平找到他了吗?
   A. 找到了                 B. 没找到

9. 过了这么多年了,她叫什么名字,我一时想不起来了。
   问:我以前知道她的名字吗?
   A. 知道                   B. 不知道

10. 直到现在,他还在暗中帮助这个小女孩。
    问:小女孩知道他在帮忙吗?
    A. 知道                  B. 不知道

11. 这辆车我开了好几年了,什么毛病也没出过。
    问:这辆车的质量怎么样?
    A. 很好                  B. 不太好

12. 我这批货进了一年多了,一直滞销。
    问:说话人是什么心情?
    A. 高兴                  B. 着急

13. 学校举办的中国歌大赛每年都有很多留学生参加。
    问:中国歌大赛是谁组织的?
    A. 学院                  B. 留学生

14. 他表面上很有钱,但实际上都是跟别人借的。
    问:他有钱吗?
    A. 有                    B. 没有

15. 她们姐妹两个个子都挺高的,尤其是姐姐,可以去当篮球运动员了。
    问:谁的个子更高?
    A. 姐姐          B. 妹妹

①我们买东西的时候,如果质量一样,一般总是愿意买价格更便宜的。有时候,我们会看到一些东西降价卖,价格比原来低得多。东西便宜,当然会受到大多数人的欢迎。但中国也有一句俗话,叫做"好货不便宜,便宜没好货",也就是说质量好的东西都不会便宜,而便宜的东西一定有质量问题。便宜真的没好货吗?这得先弄清楚便宜的原因。

②在大型超市里,因为进货量大、成本低,再加上为了吸引顾客,经常举办各种促销活动,所以有些商品的价格很低,但是质量并不差。不过,购买超市的便宜商品时要注意以下两点:一是不要一次买太多;二是要看清楚生产日期。特别是食品,快到保质期的食品最好不要购买。

③除了超市以外,其他商店也会有便宜的商品。这主要是一些季节性较强的东西,如服装、鞋类等。在季节快要过去时,甚至季节刚刚过了一半,有些商店就会降价促销。如果其中正好有你需要的东西,那你就应该赶快买下来。但是,你也要注意,有的商店表面上在打折,实际上却暗中提高了价格,有的价格可能比没打折之前还贵。所以,当你选择这一类商品时,不仅要看表面价格,而且要看降价以后价格是不是真的便宜。另外,有的商店会趁降价的机会,把一些滞销商品混入其中,这些"小动作"也必须注意。

④还有些商店是为了清理积压商品而降价的。东西长时间卖不出去,很可能是因为质量太差,购买这些商品一定要小心。尤其是

电脑、数码相机这样的高科技产品,即使一时看不出什么毛病,但用不了多久也可能会出问题。

⑤总之,买东西时不能看见便宜货就买,但也不必怀疑一切,认为便宜就一定没有好货。只要弄清降价原因,抓住机会,就一定可以买到价格、质量都很满意的商品。

练 习

一、听课文,简单回答下列问题:

1. 这篇文章主要讲的内容是什么?

2. 文章里谈到了哪几种降价的原因?

二、听第一、二段,选择正确答案:

1. 人们对便宜货一般是什么态度?
  A. 大部分人都不喜欢  B. 大部分人只买便宜货
  C. 想弄清楚原因  D. 认为可能质量不好

2. 关于超市里的便宜商品,哪个说法正确?
  A. 接近保质期的最好不要买 B. 多买一些更便宜
  C. 质量上完全可以放心  D. 最好不要买

3. 下面哪个不是超市商品便宜的原因?
  A. 为了吸引顾客  B. 成本不高
  C. 放的时间太长了  D. 质量不好

三、听第三段,选择正确答案:

1. 季节性商品的销售最早什么时候开始进行?
  A. 季节刚到  B. 季节刚过
  C. 季节过了一半的时候  D. 季节快要过去的时候

2. 买季节性打折商品时,哪些说法是错误的?
   A. 有些商品实际上并没有降价　　B. 季节性降价的商品都是滞销品
   C. 一定要看降了多少钱　　　　　D. 要从里面发现合适的

四、听第四、五段,选择正确答案：
  1. 下面哪种说法正确?
     A. 不要购买积压商品　　　　　B. 积压的商品质量都有问题
     C. 买高科技产品要小心　　　　D. 最好不买电脑和数码相机

  2. 购买便宜货时应注意些什么?
     A. 赶快买下来,不能失去机会　B. 质量差,尽量少买
     C. 要弄清便宜的原因　　　　　D. 要经常去看看才行

五、根据课文内容判断正误：
  1. 超市里商品促销是为了吸引顾客。
  2. 最好在超市里购买季节性降价商品。
  3. 有的季节性降价的商品并不便宜。
  4. 积压商品中,电脑和数码相机的质量好一些。
  5. 买便宜货一定能让您满意。

六、跟读句子并填上正确的词语：
  1. 中国有一句_____,叫做"好货不便宜,便宜没好货"。
  2. 大型超市进货量大,_____低。
  3. 快到_____的食品最好不要购买。
  4. 有的商店_____上在打折,实际上却暗中提高了价格。
  5. 即使一时看不出什么_____,但用不了多久也可能会出问题。
  6. 买东西时不能看见便宜货就买,但也不必_____一切。

七、补充练习：

1. 男：昨天送张风的时候好像没看见你啊？
   女：真是抱歉！因为中午吃饭晚了点儿，再加上路上车坏了，所以我到的时候你们已经走了。

   问：女的昨天下午想去做什么？
   A. 送人                B. 吃饭
   C. 修车                D. 看朋友

2. 男：你放心，我跟他们约的三点，张东从来不迟到的。
   女：这可说不准，另外那两个，尤其是刘强，他每次都晚来。王元也好不了多少。
   男：看来你很了解他们啊。
   女：我们每周都要去爬山，在校门口等他们十分钟是经常的事儿，半个小时也有过。

   问1：谁最爱迟到？
   A. 张东                B. 刘强
   C. 王元                D. 刘强和王元

   问2：现在可能是几点？
   A. 不到三点            B. 三点
   C. 三点十分            D. 三点半

3. 女：小冬，你姐姐现在怎么样了，前一段不是说要离婚吗？
   男：是啊，家里人怎么劝都没用，现在虽然表面上跟一般夫妻一样，实际早就不住在一起了。我姐说这几天就去办手续呢。

   问1：小冬的姐姐现在怎么样了？
   A. 已经离婚了          B. 打算离婚
   C. 和丈夫关系又好了    D. 打算就这样生活

   问2：对姐姐的做法，家里人是什么态度？
   A. 坚决反对            B. 非常同意
   C. 不希望这样          D. 无所谓，怎么都行

4. 男：除了你以外，你们公司的年轻人都买房子了吧？
   女：哪儿啊，除了我，小赵、小宋呢？还有小李，不都还没房子吗？
   男：现在我们小区房子价格便宜，环境也不错，你应该来看看。
   女：我觉得单位宿舍也不错，5分钟就到了，要住你们那儿，我每天得少睡两个小时。
   男：早起对身体还好呢，对了，我们那儿还有个挺不错的运动场。
   女：你不是在替他们做广告吧？唉，哪有那么多钱啊，等结婚的时候再说吧。

   问1：公司里他们谈到几个人没买房子？
   A. 一个          B. 两个
   C. 三个          D. 四个

   问2：关于女的，下面哪个说法正确？
   A. 准备结婚了      B. 现在不买房
   C. 喜欢睡懒觉      D. 认为男的住的小区不好

   问3：关于男的，我们知道什么？
   A. 在帮人卖房子    B. 住得离单位很远
   C. 很喜欢自己住的地方   D. 经常运动

八、请听用快速朗读的课文。

## 第十一课  还不如不买车呢

### 攻克生词

1. 经过认真讨论,大家对第三个建议表示赞同。
   问:第三个建议怎么样?
   A. 好                  B. 不好

2. 开始我们上得比较正常,两天上一课,后来为了赶时间,一天上一课。
   问:为什么后来上得快了?
   A. 因为学生要求        B. 为了学完课本

3. 南边那条路是单向的,你最好往北边走,那条大路是双向的。
   问:说话人可能在对谁说话?
   A. 开车的人            B. 走路的人

4. 经过进一步改造设备,这家工厂的生产水平有了很大提高。
   问:生产水平提高的原因是什么?
   A. 换了新设备          B. 利用了旧设备

5. 住在那里生活倒是很方便,但打车也要20分钟。
   问:说话人对住在那里是什么态度?
   A. 十分满意            B. 不太满意

6. 你要有什么事可以随时跟他联系。
   问:这句话的意思是什么?
   A. 你不要客气          B. 你什么时候都能见到他

7. 要等问题彻底解决,我们才能继续工作。
   问:问题解决了没有?
   A. 解决了一点					B. 一点也没有解决

8. 昨天我对他态度不太好,今天他也没有给我打电话,说不定他真的生气了。
   问:他怎么了?
   A. 真的不高兴了				B. 可能不高兴了

9. 这个班刚开始的时候水平完全一样,两年以后就出现了很大差别。
   问:这个班同学现在水平怎么样?
   A. 有高有低					B. 差不多

10. 这件毛衣洗了两遍也没有洗干净,干脆扔了吧。
    问:说话人的意思是什么?
    A. 不要这件毛衣了				B. 再买一件毛衣

11. 雪下得这么大,要是下到明天,恐怕他们就来不了了。
    问:这句话的意思是什么?
    A. 他们可能不来				B. 雪会下到明天

12. 这个路口经常堵车,你最好从前面那个路口出去。
    问:哪个路口不好走?
    A. 这个路口					B. 前面的路口

13. 演讲比赛和歌舞比赛都安排在今天晚上,交叉进行。
    问:今天晚上的活动怎么进行?
    A. 先演讲后歌舞				B. 一会儿演讲一会儿歌舞

14. 这里的出租车比我们国家便宜多了,而且到处都有。不过空跑的不少,不仅浪费,而且造成堵车。

问:说话人觉得这里的出租车怎么样?

A. 很便宜但常常没有人坐　　B. 空跑造成了堵车

15. 有了健康的身体,才能保证幸福的生活。

问:什么最重要?

A. 幸福　　　　　　　　　B. 健康

(两个朋友在会议休息时间聊天)

男:小金,你不是买了新车吗?怎么今天没开?

女:唉,别提了,我以前坐公共汽车上下班,都挤怕了,梦里都想自己能买一辆车,舒舒服服开着车想去哪儿去哪儿。刚买到车的时候,我高兴得都睡不着觉,可是开了没几天就有了新麻烦——堵车呀!要是打车呢,我随时可以下车,要是开着车就没有办法了。今天怕开会迟到,为了赶时间干脆坐地铁来了。

男:地铁倒是能保证时间,就是挤了一点。我看报纸上说咱们市的汽车已经超过200万辆了。第100万辆汽车是1997年,从最初的2000多辆到100万辆用了48年时间,可是从100万辆到200万辆只用了6年时间,按照这个速度,用不了多久,第300万辆汽车就会出现了。

女:说不定我那辆车就是第200万辆呢!以前是上下班堵,现在平时也走不动。我现在有点后悔,还不如不买车呢。大李,你说是不是咱们车太多了?

男：不能这么说,实际上咱们的汽车拥有率在世界上还是很低的。

女：那就多修几条路。

男：恐怕不那么简单。有专家说咱们单向通行的路太少。你看现在马路越修越宽,可是路越来越堵,主要是路都是双向通行造成的。如果单向通行就可以减少交叉,提高车速,还可以减少交通事故。一般说来,单向通行的车辆数量可以提高50%到70%。

女：差别有那么大吗?

男：这是专家说的,不是我说的。

※※※※※※※※※※※※※※※※※※※※※※※※※※

女：最近网上讨论交通问题也很热闹,对了,有一种观点我很赞同,说是现在不少人都住在郊区,你看我们那个地方就住了10多万人,在国外都是一个大城市了,可是大部分人都跟我一样,在市内工作,每天这么跑来跑去,交通能没问题吗?所以应该是人们住在哪儿就在哪儿工作。

男：这样说也有道理。还有什么提高停车收费啦,不要让出租汽车空跑啦,发展公共交通啦……好多建议呢,要我看,都不能彻底解决问题。

女：这么说你有好办法?

男：要我说呢,就是不要再改造旧城了,另建几个新城市多好。

女：你说得倒容易。

一、听课文,简单回答下列问题:

1. 小金买车时是什么样的心情?

2. 他们谈的是什么话题?

二、听第一部分，选择正确答案：

1. 小金是怎么来的？
    A. 坐出租车                B. 坐公共汽车
    C. 坐地铁                  D. 坐朋友的汽车

2. 小金为什么没有自己开车？
    A. 车坏了                  B. 担心堵车
    C. 担心出事故              D. 车被借走了

3. 这个城市的汽车有多少辆了？
    A. 不到 200 万辆           B. 200 万辆
    C. 200 多万辆              D. 300 万辆

4. 下面哪句话不正确？
    A. 有了自己的车很方便      B. 汽车数量增加得太快
    C. 坐地铁不用担心迟到      D. 坐地铁的人很多

三、听第二部分，选择正确答案：

1. 根据这段话，我们可以知道什么？
    A. 小金想卖掉自己的车      B. 小金以后不打算开车了
    C. 上下班堵车，平时好一点  D. 这个城市的汽车并不多

2. 堵车的原因是什么？
    A. 双向通行的路太少        B. 单向通行的路太少
    C. 路不少，但是都不宽      D. 路很宽，但是太少了

3. 哪一个不是单向通行的优点？
    A. 提高汽车速度            B. 减少交通事故
    C. 节约修路费用            D. 减少交叉线路

4. 大李对单向通行的观点是什么态度？
   A. 赞同               B. 反对
   C. 怀疑               D. 没有表示意见

### 四、听第三部分，选择正确答案：

1. 人们通过什么方式对交通问题进行讨论？
   A. 开座谈会           B. 通过电视
   C. 通过电脑           D. 通过报纸

2. 小金赞同哪种看法？
   A. 人们在住处附近工作  B. 提高停车收费标准
   C. 发展公共交通       D. 限制个人买车

3. 大李认为哪种办法最好？
   A. 建设新城市         B. 提高停车收费标准
   C. 发展公共交通       D. 不要让出租车空跑

4. 对大李所说的办法，小金是什么态度？
   A. 怀疑               B. 支持
   C. 反对               D. 觉得有点道理

### 五、跟读句子并填上正确的词语：

1. 要是打车呢，我_____可以下车，要是开着车就没有办法了。
2. 今天因为怕开会迟到，_____坐地铁来了。
3. 以前是上下班堵，现在平时也_____。
4. 实际上咱们的汽车_____在世界上还是很低的。
5. 单向通行可以减少_____，提高车速。
6. 好多建议呢，要我看，都不能_____解决问题。

六、补充练习：

1. 女：亚明,这个假期你们一定玩得不错吧?
   男：别提了,我们高高兴兴地到了哈尔滨,玩得确实不错,可是买不到回来的票,回来晚了两天,还是站着回来的,上课的时候我一直睡觉。

   问：我们可以知道亚明的什么情况?
   A. 对这次旅行很满意　　　B. 在火车上没有座位
   C. 在火车上一直睡觉　　　D. 回来以后生病了

2. 男：咱们这个沙发太旧了,买一个新的吧?
   女：要我说呢,这些家具跟我年龄差不多,太旧了,都换了吧。
   男：那可不行,虽然旧了一点,但都没有问题,有的还是我自己做的呢!不要太浪费了。
   女：我就知道你会这么说。你同意换沙发我就已经很满意了。

   问1：他们俩最可能是什么关系?
   A. 夫妻　　　　　　　　　B. 姐弟
   C. 父女　　　　　　　　　D. 母子

   问2：他们在谈论什么问题?
   A. 买什么样的沙发　　　　B. 要不要换新家具
   C. 旧沙发有什么不好　　　D. 家具用了多长时间

3. 男：她父亲让她今年九月开始学汉语,明年七月考过HSK七级。
   女：他说得倒容易。不到一年的时间就能考七级?我可能比较笨吧,用了一年半的时间呢。
   男：你比我强多了,我花了两年时间呢!
   女：当然,也不是没有可能。我们班有一个同学就是一年学出来的,他只要学过就能记住。

   问1：关于一年内考过HSK七级这件事,女的有什么看法?
   A. 很难通过　　　　　　　B. 很容易通过
   C. 没有人能通过　　　　　D. 只有一个人通过

问2：男的认为用两年考过HSK七级,时间怎么样？
A. 比较短　　　　　　　　B. 非常短
C. 正合适　　　　　　　　D. 比较长

4. 男：看来自行车太有用了。每天前两节课在北边的1号楼,后两节课就要跑到南门的9号楼,时间太紧了,我都迟到好几次了。我得赶快买辆车。
女：买自行车确实很有必要,不仅在校园里需要,到外边去买东西也很方便。
男：那我得买一辆好车。我同屋的车就经常修,烦死了。
女：好车也没必要,一来好车不便宜,你用不了多久就回国了,还得卖,二手车卖不了多少钱;二来也怕丢,小偷专门偷好车。我这已经是第三辆了,朋友回国的时候我买的二手车,骑起来也很不错,我骑了一年了还没丢。你也买这么一辆吧。
男：这样说也有道理。

问1：男的遇到了什么问题？
A. 自行车丢了,只好走路　　B. 自行车坏了,需要修理
C. 同屋的自行车坏了,要帮助修　D. 上课的路太远,迟到了

问2：男的本来打算做什么？
A. 买一辆好自行车　　　　B. 买一辆旧自行车
C. 卖掉自己的自行车　　　D. 跟女的借自行车

问3：女的买二手车的主要原因是什么？
A. 新车不好卖　　　　　　B. 比较好骑
C. 修理简单　　　　　　　D. 不担心被偷

问4：男的认为女的想法怎么样？
A. 完全不对　　　　　　　B. 比较好
C. 太好了　　　　　　　　D. 很可笑

七、请听用快速朗读的课文。

# 第十二课 保护动物 保护环境

## 攻克生词

1. 他在水里挣扎了半天,一点力气也没有了。
   问:他怎么了?
   A. 掉到水里了　　　　　　　　B. 游泳游累了

2. 王立伟之所以选择上海,是因为父亲要求他这样做。
   问:这句话主要告诉我们王立伟的什么情况?
   A. 终于选择了上海　　　　　　B. 为什么选择上海

3. 根据这位领导人的讲话,不少人猜测将会有重要的事情发生。
   问:下面哪句话正确?
   A. 人们觉得要有重要的事情发生　B. 听领导人说要有重要的事情发生

4. 这种鸟是上个世纪20年代灭绝的。
   问:这句话在谈这种鸟的什么情况?
   A. 到这里生活的时间　　　　　B. 消失的时间

5. 这种书刊对青少年的危害是很大的。
   问:这种书刊怎么样?
   A. 非常好　　　　　　　　　　B. 非常不好

6. 我们班有几位同学打算到东北对原始森林进行调查。
   问:这些同学可能是学习什么专业的?
   A. 植物　　　　　　　　　　　B. 动物

7. 人们纷纷议论着这个新的决定。
   问：人们关心这个新的决定吗？
   A. 很关心　　　　　　　　　　B. 不太关心

8. 他现在暂时没什么问题，但还没有完全脱离危险期。
   问：他身体怎么样？
   A. 快好了　　　　　　　　　　B. 很不好

9. 你一定要提醒他明天下午六点开会。
   问：从这句话，我们知道什么？
   A. 他不知道开会的事　　　　　B. 他可能忘记开会的事

10. 听到这个消息，丁老师非常焦急。
    问：这是一个什么样的消息？
    A. 不好的消息　　　　　　　　B. 很好的消息

11. 我们这里的条件无法满足你们的要求。
    问：这里的条件怎么样？
    A. 不好　　　　　　　　　　　B. 很好

12. 我们呼吁社会多关心农村孩子受教育的问题。
    问：关心农村孩子受教育问题的人多吗？
    A. 不多　　　　　　　　　　　B. 多

13. 他们用这种泥把自己埋起来，说是可以减肥。
    问：他们怎么减肥？
    A. 把泥涂在身上　　　　　　　B. 把身体放到泥里

14. 请到前面路口去排队等候出租车。
    问：这句话告诉我们什么？
    A. 等出租车的客人很多　　　　B. 等客人的出租车很多

15. 经过两个小时的抢救,病人又睁开了眼睛。
    问:下面哪句话正确?
    A. 医生忙了两个小时　　　　B. 病人睡了两个小时

现在越来越多的人认识到,动物是人类的朋友,自然是我们的家园,我们应该保护动物,保护环境。下面几条消息都与动物、环境有关,有的表现了人们在保护动物、保护环境方面的努力,有的则反映出不注意环保所带来的危害。

(一)

3月16日,某大学生物系学生宋丽丽参加"我爱大自然"摄影活动,当她来到一个自然保护区拍摄丹顶鹤时,突然发现有一只小丹顶鹤躺在地上不断挣扎。她立即和其他朋友联系,一起将这只小丹顶鹤送到了保护区的管理部门。经过抢救,小丹顶鹤脱离了危险。

(二)

昨天上午,一些环保志愿者登上北京八达岭长城,向游客发放宣传材料,呼吁大家不要捕杀动物,不要破坏森林。他们把七个大型动物模型摆在了长城上,提醒人们,这些野生动物快要灭绝了。这七种动物是:豹子、大象、狼、羚羊、熊、老虎和大猩猩。现在世界上的原始森林已经消失了一半,许多野生动物也失去了生活条件。这次活动之所以在长城举行,是希望大家像保护万里长城一样,保护动物,保护环境。

## （三）

4月22日，一千多名准备去新疆乌鲁木齐的旅客焦急地等候在西安火车站,因为火车晚点了。大家纷纷猜测火车晚点的原因,有的说可能发生了交通事故,有的说可能是天气不好。一直等到下午3点钟,车站才通知旅客上车。3点30分,这趟晚了20个小时的客车终于开出了西安站。原来,列车晚点的原因是新疆地区出现沙尘暴天气,沙尘暴特别严重,刮起的沙尘埋住了部分铁路路面,这样一来,乌鲁木齐开往西安的列车无法开过来,而西安开往乌鲁木齐的列车也开不过去,只能等清理了道路以后才能通过。

(据《北京青年报》新闻改写)

练 习

**一、听课文,简单回答下列问题：**

1. 这篇课文说了几则消息？

2. 这几则消息主要谈的是什么内容？

**二、听第一则消息,选择正确答案：**

1. 宋丽丽去保护区干什么？
    A. 参加宣传活动 　　　　　B. 拍照片
    C. 看丹顶鹤 　　　　　　　D. 调查丹顶鹤情况

2. 小丹顶鹤可能怎么了？
    A. 受伤了 　　　　　　　　B. 想逃走
    C. 被人抓住了 　　　　　　D. 想找东西吃

3. 他们把丹顶鹤送到哪里了?
   A. 自己家              B. 朋友家
   C. 管理处              D. 医院

三、听第二则消息,选择正确答案:

1. 这些志愿者去干什么?
   A. 向游客宣传          B. 登长城
   C. 保护动物            D. 保护森林

2. 下面哪组动物就要灭绝了?
   A. 羚羊、狮子、大猩猩  B. 豹子、山羊、大猩猩
   C. 大象、狼、熊猫      D. 大象、狼、熊

3. 关于长城,下面哪句话正确?
   A. 自然环境比较好      B. 原始森林消失了一半
   C. 是个宣传的好地方    D. 附近的动物比较多

四、听第三则消息,选择正确答案:

1. 这列火车是开往哪个城市的?
   A. 乌鲁木齐            B. 新疆
   C. 西安                D. 无法确定

2. 这列火车为什么晚点?
   A. 火车出了问题        B. 天气不好
   C. 发生了交通事故      D. 等另一趟火车过去

3. 沙尘暴严重到什么程度?
   A. 看不清路            B. 把路刮断了
   C. 火车被埋住了        D. 道路被堵住

五、跟读句子并填上正确的词语：

1. 动物是人类的_____，自然是我们的_____。
2. 有的则反映出不注意环保所带来的_____。
3. 经过抢救,小丹顶鹤_____了危险。
4. 他们_____人们,这些野生动物快要灭绝了。
5. 大家纷纷_____火车晚点的原因。
6. 只能等_____了道路以后才能通过。

六、补充练习：

1. 临近春节,安全问题很重要。下面几条消息都与安全有关,一条是家住和平路的赵先生因为燃放爆竹而使眼睛受伤住进了医院。还有一条是由于今年是个暖冬,现在一些湖面上的冰层冻得不厚。如果冰面厚度没有达到15厘米,请大家不要在上面滑冰。

   问：这段话主要告诉我们什么？

   A. 要过春节了　　　　　　　B. 放爆竹很危险
   C. 冰面太薄不要滑冰　　　　D. 要注意安全

2. 他写了好几篇文章,呼吁大家关心自己的健康,平时就要在健康方面多注意,不要等有了病才消费。他说人们在生命最后一年里至少要用去一生全部医疗费的30%。

   问：从他的文章,我们可以了解到什么？

   A. 医疗费太贵应该下降　　　B. 人们太不注意健康问题
   C. 应该攒一些钱用来治病　　D. 最后一年的医疗费应该付30%

3. 女：你这两年里已经换了三个工作了,再这样下去,恐怕没有人敢用你了。

   男：没什么关系吧。我之所以换工作,既不是因为工资低,也不是因为条件差,我是想多在一些公司体验一下,然后再自己开一个公司。

   女：可是,你在哪个公司都呆不长,能学到什么经验呢？年龄越来越大,优势也慢慢就没有了。

   男：不会的,我自信自己还是做得不错的。

问1：男的为什么换工作？
A. 工资低　　　　　　　　B. 条件差
C. 没有人愿意用他　　　　D. 想有更多的经验

问2：女的对他换工作是什么态度？
A. 担心　　　　　　　　　B. 支持
C. 批评　　　　　　　　　D. 羡慕

4. 男：到底怎么回事？苏西坡的演唱会怎么不举行了？
   女：噢，有的说是苏西坡因为交通事故住院了，也有的说是被人打伤了，因为报道得不是很清楚，大家也在纷纷议论这件事，不过演唱会肯定不能按时举行了。
   男：其实他唱得挺不错的，我早就想看他唱歌了。那首《握你的手》唱得多好啊！到处都能听到这首歌。
   女：也许他会在出院以后给你们补唱一次。

问1：苏西坡怎么了？
A. 不太清楚出了什么事　　B. 被人打伤了
C. 出了交通事故　　　　　D. 不想演出了

问2：关于演唱会我们知道什么？
A. 将会补唱一次　　　　　B. 这次不举行了
C. 这两个人都很想去看　　D. 换了个时间

5. 女：我最近学了一个新词，叫做"空巢家庭"。孩子们小的时候跟父母一起生活，这是标准家庭；长大了离开父母，家里只有老人单独生活的家庭就成了空巢家庭。
   男：我们家就是空巢家庭。我是独生子，在上海读完书，毕业到了南京，而父母一直在青海工作，他们说将来退休以后也愿意住在那里。像我家这样的情况越来越多了。
   女：子女因为工作跟父母分开住，是造成"空巢家庭"的一个重要原因。不过也还有其他一些原因，比如我表姐和父母都住在西安，父母房子并不小，但也不住一起，觉得这样大家都比较自由。
   男：主要也是因为现在经济发展比较快，人们有条件买房子了，过去没有钱,只能住在一起。

女:也不仅仅是因为没有钱,我看是因为过去照顾老人的事情都靠家庭里的年轻人,没有社会化的照顾机构。

男:还有啊,现在一个家庭里只有一两个孩子,可过去一般都有好几个,相比之下,老人没有现在这么多。

女:是啊,这样一来,空巢家庭肯定会越来越多。

问1:他们主要在谈论什么话题?
A. 什么是空巢家庭　　　B. 空巢家庭的形成原因
C. 空巢家庭的好处　　　D. 空巢家庭的坏处

问2:男的是哪里人?
A. 上海人　　　　　　　B. 南京人
C. 青海人　　　　　　　D. 西安人

问3:关于女的表姐家的情况,我们可以知道什么?
A. 和父母不在一个城市　B. 父母的房子比较小
C. 没有和父母住在一起　D. 和父母住在一起

问4:下面哪个不是空巢家庭增多的原因?
A. 孩子到外地工作　　　B. 人们有钱了
C. 孩子太少　　　　　　D. 房子太小

**七、请听用快速朗读的课文。**

# 第十三课 什么人说话最多?

## 攻克生词

1. 老钱一遍又一遍重复唱着那两句,后来我才知道他不会唱别的。
   问:关于老钱,下面哪句话正确?
   A. 不太会唱歌          B. 唱了很多歌

2. 这两个字很好辨别,上边长下边短的是"战士"的"士",上边短下边长的是"土地"的"土"。
   问:他们在干什么?
   A. 写字                B. 认字

3. 他很爱说话,但一问到他这个问题,他就沉默了。
   问:从这句话我们知道什么?
   A. 他回答得很简单      B. 他不愿意回答

4. 别人家都是爸爸话少,妈妈爱唠叨,可李力家正好跟别人家不一样。
   问:李力家谁爱说话?
   A. 爸爸                B. 妈妈

5. 我想买一套现代风格的家具,可我爱人不同意,他喜欢传统风格的。
   问:他们决定买什么样的家具?
   A. 传统的              B. 还没决定

6. 我现在才体会到当一家之主真辛苦,还是当学生最幸福。
   问:说话人现在的情况是什么?
   A. 已经结婚了          B. 还是学生

7. 玛丽用一种新的方式写这篇作文,和别的同学都不一样。
   问:玛丽写的作文有什么特点?
   A. 写的字不一样　　　　　　B. 写的方法不一样

8. 图书馆管理员、饭店服务员、电脑推销员、自行车管理员、公共汽车售票员,你可以选择一种,下星期去上班。
   问:说话的可能是什么人?
   A. 图书馆的人　　　　　　　B. 职业介绍所的人

9. 我想想前天发生了什么事……对,大风造成长时间停电,另外,我姐姐也生病住院了。
   问:说话人谈到了什么?
   A. 姐姐生病的原因　　　　　B. 停电的原因

10. 那个房间的电脑多达5台。
    问:下面哪句话正确?
    A. 房间里电脑很多　　　　　B. 房间里只能放5台电脑

11. 他的思维方式很特别,所以写出来的小说很有特点。
    问:从这句话我们知道什么?
    A. 他想问题的方法不一样　　B. 他生活经验很丰富

12. 这本书讲的是猴子和人类是怎么进化的。
    问:这本书的内容是什么?
    A. 人类怎么养猴子　　　　　B. 猴子和人类的变化过程

13. 我们今天讨论学习方法的问题以及周末的安排。
    问:他们今天讨论几件事情?
    A. 一件　　　　　　　　　　B. 两件

14. 他一个人高高兴兴说了半天,一点也不问别人的感受。
    问:说话的人是什么态度?
    A. 批评                    B. 羡慕

15. 我想说话,可王松打手势不让我说。
    问:王松做的是什么动作?
    A. 上下招手                B. 左右摇手

  ①不少男性都会说女人爱唠叨,是什么原因使他们产生这样的感受呢?据研究,这可能同进化过程有关。
  ②男性说话时只用三种语调,女性说话时平均使用五种不同的语调,但男性往往只能辨别其中的三种。澳大利亚语言学家皮斯认为,在人类进化过程中,男人和女人形成了不同的语调和交流方式。这样一来,当一个女人使用五种语调谈论不同的新东西时,很多男人却认为她老在重复一个话题。
  ③皮斯认为,进化造成了男女交流风格以及思维方式的不同。由于女人长期以来生养孩子、保护家庭,女人的大脑具有在言语、声音以及非言语层次上进行交流的功能,这一点与男人不同。女性在一天内,能够使用语音、语调的变化,手势以及面部表情等方式,发出2万到4万个交流信号,而男性每天最多只能发出7000到1万个信号。这就是大多数男人说女人爱唠叨的原因。
  ④那么什么人说话最多呢?捷克一位语言学家最近进行了一次调查,发现就年龄而言,家庭中最爱说话的实际上是6~12岁的儿童,平均每天达14000个词;其次是35岁上下的家庭主妇,平均每天讲12600个词;作为一家之主的父亲说话最少,平均每天说11500个词,但在45岁上下时说话明显增多,平均每天13000个

词,超过了他们的妻子。在家庭中最沉默的人应该是17~20岁的儿子,平均每天说8700个词;70岁以上的老年男性平均也只说8900个词。

⑤假如从职业角度来说,说话由少到多的顺序为:和尚、考古学家、作家、律师、图书馆管理员、警察、推销员和学校的教师。

(据《中外期刊文萃》"什么人说话最多"和《人民日报》〈海外版〉"女人为什么爱唠叨"改写)

练 习

一、听课文,简单回答下列问题:
1. 本文谈论的主要话题是什么?

2. 课文提到了几个语言学家?

二、听第一、二段,选择正确答案:
1. 下面哪句话正确?
   A. 男性语调多　　　　　B. 女性语调高
   C. 女性分不清男性的语调　D. 男性分不清女性的语调

2. 从这段话里我们可以知道什么?
   A. 女性总在谈新话题　　　B. 男女的交流方式有差别
   C. 女性爱重复谈一个话题　D. 男女的语调方式基本一样

三、听第三段,选择正确答案:
1. 什么原因造成了男女交流风格以及思维方式的差别?
   A. 大脑结构不同　　B. 进化
   C. 声带结构不同　　D. 身体结构不同

2. 女人使用的交流方式有哪种没有提到？
   A. 手势　　　　　　　　　B. 表情
   C. 通信　　　　　　　　　D. 语音

四、听第四段，选择正确答案：

1. 什么年龄的人说话最多？
   A. 35岁上下的主妇　　　　B. 6~12岁的儿童
   C. 45岁左右的父亲　　　　D. 70岁以上的老年男性

2. 在家庭中一般谁说话最少？
   A. 17~20岁的儿子　　　　B. 35岁上下的主妇
   C. 70岁以上的老人　　　　D. 作为一家之主的父亲

五、根据课文内容判断正误：

1. 女人实际上不爱唠叨。
2. 女人每天发出的交流信号男人不能都懂。
3. 说话的多少跟性别无关。
4. 一个人说话的多少会随着年龄而改变。
5. 按照职业划分，说话多少的顺序是教师—作家—警察。

六、跟读句子并填上正确的词语：

1. 女性说话时_____使用五种不同的语调。
2. 这就是大多数男人说女人爱_____的原因。
3. 父亲在45岁上下时说话_____增多。
4. 假如从职业角度来说，说话由少到多的顺序为：和尚、_____、作家……

七、补充练习：

1. 我们本来打算今天下午坐飞机到西安,可是他们说连明天的飞机票也买不到了,明天晚上的火车票还有两张。这样一来,我们只好在成都多玩一天了。

    问：他们什么时候离开成都？
    A. 今天下午　　　　　　　B. 明天白天
    C. 明天晚上　　　　　　　D. 后天

2. 我们的口语课比较有意思,但老师要求很严格,必须提前准备；听力课很多人都喜欢,可是我有一半听不懂。在这些课中我觉得最为轻松的是写作课,你想不到吧？不过最近我觉得报刊课也没那么难了。

    问：说话人觉得哪门课最容易？
    A. 口语　　　　　　　　　B. 听力
    C. 写作　　　　　　　　　D. 报刊

3. 男：家长当然也和老师们一样,希望学生考试成绩不错,但家长一般还希望儿女多学习一些东西,比如钢琴、绘画、书法什么的。
    女：假如从孩子的角度来说,他们希望的可能是自由时间更多一些。

    问1：他们在谈论什么？
    A. 学生的考试成绩　　　　B. 学生的业余爱好
    C. 家长的希望　　　　　　D. 家长和孩子想法不同

    问2：从这段话里我们可以知道什么？
    A. 老师希望学生们成绩好、有爱好
    B. 家长都希望孩子学钢琴
    C. 孩子们并不喜欢钢琴、绘画、书法什么的
    D. 孩子们希望自己的时间多一点

4. 男：张云,你看,这个孩子明显懂事了,一定是他父母教育得好。

女：跟他父母的关系大吗？我想这跟他到了新的学校有关。另外孩子们读什么书、交什么朋友也会有一定影响。

男：当然环境是最重要的,不过家庭也是很重要的。你看念博士的都是一家一家的,不念书的也是一家一家的。

女：你这么说好像也有问题,那没念过书的人家里就没有大学生了？

男：我没这么说呀！

问1：张云认为孩子比以前懂事的最大原因是什么？
    A. 父母的教育　　　　　B. 到了新的学校
    C. 交了新朋友　　　　　D. 读了好书

问2：男的是什么观点？
    A. 孩子懂事是因为父母教育得好
    B. 家庭教育最重要
    C. 没念过书的人家里没有大学生
    D. 每家都有念博士的

问3：哪个不是张云的看法？
    A. 学校的教育非常重要
    B. 孩子懂事跟交朋友关系不大
    C. 孩子懂事跟父母关系不大
    D. 没念过书的人家里也有大学生

八、请听用快速朗读的课文。

## 第十四课　谈谈休闲食品

### 攻克生词

1. 打算留学的学生应该提供毕业证、成绩单。
    问：这句话告诉我们什么？
    A. 毕业时可以得到成绩单　　　B. 报名时要带的东西

2. 中学生不仅要吃饱,还要吃好,一定要有营养。
    问：这句话的主要意思是什么？
    A. 一定要吃饱　　　B. 一定要吃好

3. 据专家研究,炸的东西里面有一些有害成分,比如说炸鸡。
    问：说话人在谈什么？
    A. 建议少吃炸鸡　　　B. 炸鸡为什么好吃

4. 没有使用价值的东西,人们是不会买的。
    问：人们不买什么东西？
    A. 不会用的东西　　　B. 没有用的东西

5. 我想人活在世上,不能仅仅为自己,也应该为社会做一些有益的事。
    问：说话人觉得人应该怎么做？
    A. 做好事　　　B. 好好工作

6. 抽烟引起了一场大火。
    问：这句话在谈什么？
    A. 抽烟的坏处　　　B. 失火的原因

7. 他除了正常吃饭外,每天都服维生素。
    问:他怎么了?
    A. 生病了                    B. 很注意健康

8. 我的同屋特别喜欢吃零食,不过他的女朋友好像不太喜欢。
    问:他的女朋友可能很少吃哪种食物?
    A. 巧克力                    B. 面包

9. 有了快乐一起分享,有了痛苦一起分担,这样的人才是真正的朋友。
    问:下面哪句话正确?
    A. 快乐要告诉朋友,痛苦不要告诉朋友  B. 朋友是一起快乐、一起痛苦的人

10. 如果解决不了人们的饮食问题,就会有很大麻烦。
    问:这句话在谈什么?
    A. 怎么解决吃的问题           B. 吃在人们生活中的重要性

11. 医生建议他多吃一些高能量的食物。
    问:他应该多吃哪类食物?
    A. 肉                        B. 水果

12. 昨天参加晚会的至少有30人。
    问:说话人觉得参加晚会的人多不多?
    A. 少                        B. 多

13. 这个民族在欧洲生活的时间不短了,但实际上他们的祖先生活在亚洲。
    问:从这句话我们知道这个民族现在生活在哪里?
    A. 欧洲                      B. 亚洲

14. 以前的业余时间,现在叫休闲时间,出现了休闲服装、休闲食品、还有什么休闲书籍。
    问:这句话在谈什么?
    A. 怎么度过业余时间           B. 跟业余时间有关的新现象

15. 丰盛的圣诞晚餐给客人们留下了深刻的印象。
    问：圣诞节怎么样？
    A. 晚餐让客人们很满意　　B. 客人来得非常多

　　①人们一般把休闲食品称作"零食"，认为它会引起肥胖，是没有营养价值的食品。在一次有1200人参加的调查中发现，大多数人认为一日三餐是科学的饮食方式，超过一半的人认为两餐之间吃东西没有什么好处。然而科学研究表明，一日多餐但吃的量比较少，以及适当吃一些休闲食品对健康是有益的。

　　②吃休闲食品的习惯从我们的祖先就开始了。他们外出打猎时只吃一些水果，晚上才和家人、朋友一起分享他们获得的食物。这种有时先吃点休闲食品然后再和其他人一起吃一顿丰盛正餐的现象现在仍然很常见。

　　③世界上很多地方的人吃休闲食品都比中国多。英国儿童每天至少进餐六次，包括一日三餐和两餐间的休闲食品；澳大利亚情况跟他们差不多；墨西哥儿童每天进餐次数达13次；美国五年级和六年级的学生中，有29%的人每天吃四次休闲食品，不过一般是在下午，上午很少吃。成人的情况又是怎样呢？英国曾经对1000人调查之后发现，成年人每天平均吃1.68次正餐和4.7次非正餐，每天进餐次数达6.4次。

　　④还有人分别对男性和女性进行了调查，发现女性比男性更爱吃休闲食品，主要是巧克力、蛋糕和炸土豆片，而男性常吃的是水果、软饮料和三明治。休闲食品实际上可以提供多种有用的营养成分，除了糖果主要是碳水化合物之外，其他各类休闲食品都可提供蛋白质、钙、铁和某些维生素，比如巧克力产品就提供了比较多的

109

钙。

⑤在许多国家，休闲食品在人们的生活中有着十分重要的作用，休闲食品可以为少年儿童提供20%~39%的能量，而美国的两次大型调查的数据也都表明，成人从休闲食品中得到的能量比例为15%~20%。

(据《中外期刊文萃》杨慧清同名文章改写)

练 习

一、听课文，简单回答下列问题：

  1. 本文谈论的主要话题是什么？

  2. 课文对什么人做了比较？

二、听第一段，选择正确答案：

  1. 下面哪句话正确？
    A. 休闲食品不应该叫"零食"
    B. 很多人认为休闲食品不利于健康
    C. 很多人认为休闲食品有营养价值
    D. 多吃休闲食品不会影响健康

  2. 什么是科学家的主张？
    A. 一日三餐            B. 一日两餐
    C. 一日多餐加上一些休闲食品  D. 一日一餐加上一些休闲食品

三、听第二段，选择正确答案：

  1. 我们祖先形成了什么生活习惯？
    A. 先吃正餐后吃水果      B. 先吃水果后吃正餐
    C. 外出打猎时必须吃一些水果  D. 喜欢和家人一起吃水果

2. 这段话想告诉我们什么？
   A. 吃休闲食品的历史　　　　B. 休闲食品和正餐的区别
   C. 什么是休闲食品　　　　　D. 怎样吃正餐

四、听第三段，选择正确答案：
1. 这段话主要在比较什么人的情况？
   A. 不同国家的人　　　　　　B. 不同国家的成人
   C. 五年级和六年级的学生　　D. 不同国家的儿童

2. 从这段话里我们可以了解到什么情况？
   A. 澳大利亚儿童不常吃休闲食品
   B. 墨西哥儿童进餐次数最少
   C. 儿童们一般在下午吃休闲食品
   D. 英国人不是一日三餐

3. 英国成人每天吃休闲食品的平均次数是多少？
   A. 1.68次　　　　　　　　　B. 4.7次
   C. 6.5次　　　　　　　　　 D. 3次

五、听第四段，选择正确答案：
1. 从这段话我们可以了解到什么？
   A. 男性更喜欢吃休闲食品　　B. 休闲食品很有营养
   C. 休闲食品的钙成分最多　　D. 男女喜欢的休闲食品基本一样

2. 男性喜欢下面哪组食品？
   A. 巧克力、水果、炸土豆片　B. 蛋糕、软饮料和三明治
   C. 软饮料、三明治、水果　　D. 炸土豆片、蛋糕和巧克力

### 六、根据课文内容判断正误：

1. 休闲食品是最好的食品。
2. 女性比较喜欢吃甜食。
3. 吃休闲食品的次数没有科学规定。
4. 人们从食物获得的能量中，休闲食品占了一半以上。
5. 大人从休闲食品中得到的营养比孩子更多。

### 七、跟读句子并填上正确的词语：

1. 人们一般把休闲食品称作"_____"。
2. 适当吃一些休闲食品对健康是_____的。
3. 他们和家人、朋友一起_____他们获得的食物。
4. 休闲食品实际上可以_____多种有用的营养成分。
5. 成人从休闲食品中得到的_____比例为15%~20%。

### 八、补充练习：

1. 大多数人觉得早上锻炼比较好，因为空气很新鲜，然而最近报道说，按照人类生理的特点，锻炼时间最好是晚上。

    问：什么时候锻炼比较科学？

    A. 早上　　　　　　　　　　B. 晚上
    C. 空气新鲜的时候　　　　　D. 身体健康的时候

2. 虽然现在已经是21世纪了，但遇到科学一时解决不了的问题时就采用迷信做法，求神拜佛的现象仍然可以看到。

    问：作者是什么观点？

    A. 求神拜佛可以解决一些问题　B. 应该禁止求神拜佛
    C. 科学太不发达了　　　　　　D. 21世纪也有人不相信科学

3. 女：为了办手续，我至少往那儿跑了三趟。

    男：办好了吗？

    女：下个星期还得我自己去一趟。

    男：要是我能帮你就好了。

问1：女的是什么语气？
A. 抱怨　　　　　　　　B. 满意
C. 怀疑　　　　　　　　D. 觉得很正常

问2：下面哪句话正确？
A. 男的没办法帮助女的　　B. 男的不想帮助女的
C. 女的要去三趟才能办好手续　D. 女的对男的不太满意

4. 女：我在大学没学过日语，后来主要是通过收音机学的，收音机可以随时收听，作用可真不小。

男：除了收音机之外，其他一些媒体还可以提供看、听、说的训练，特别是可以跟别人一起交流，比如互联网就能提供这种服务。

女：可是我觉得刚开始学习的人，更应该多看多听，等有了一定水平以后再跟人交流，要不多难受呀。

男：你这么想是不对的，有人一起学习，你会觉得很有意思，如果自己学，可能学一阵就放下了。

问1：女的怎么学习日语？
A. 在大学听课　　　　　B. 听收音机
C. 通过互联网　　　　　D. 找辅导

问2：男的最喜欢互联网的哪一个特点？
A. 可以看　　　　　　　B. 可以听
C. 可以读　　　　　　　D. 可以有朋友

问3：下面哪句话正确？
A. 女的也很喜欢通过互联网学习
B. 女的认为刚开始学外语的人应该用收音机
C. 男的认为有人一起学习很好
D. 男的认为自己学习也有好处

九、请听用快速朗读的课文。

## 第十五课 气候与人类的生活

### 攻克生词

1. 由于受到现代生活的影响,这里真正的牧民已经很少了。
   问:这句话主要谈牧民的什么?
   A. 现在生活的情况　　　　　　B. 数量减少的原因

2. 李洪的英语成绩在全班倒数第一。
   问:他的英语怎么样?
   A. 最好　　　　　　　　　　　B. 最差

3. 这个研究所的水平是世界公认的。
   问:这个研究所水平怎么样?
   A. 很高　　　　　　　　　　　B. 不太高

4. 我没看清楚那个人的容貌。
   问:关于那个人,说话人没看清楚什么?
   A. 穿什么衣服　　　　　　　　B. 长什么样子

5. 在中国,南方比较湿润,北方则比较干燥。
   问:这句话在谈什么?
   A. 天气　　　　　　　　　　　B. 气候

6. 我们这儿的女孩儿皮肤都比较细腻。
   问:说话人觉得他们那儿女孩儿怎么样?
   A. 皮肤好　　　　　　　　　　B. 皮肤不好

114

第十五课

7. 跟他爸爸一样,他也是一个性格直爽的人。
   问:说话人觉得他这个人怎么样?
   A. 人不错                    B. 不太好

8. 他高高的个子,黑黑的脸,总是戴着一顶黑帽子,特征很明显。
   问:这句话在谈什么?
   A. 他的帽子                  B. 他的外表

9. 在家庭暴力下长大的孩子容易犯罪。
   问:什么样的孩子容易犯罪?
   A. 被父母打骂的孩子          B. 父母不管的孩子

10. 我来自热带国家,是第一次到国外来。
    问:下面哪种天气他可能没有见过?
    A. 下雪                     B. 大风

11. 互派留学生的做法促进了两国之间的关系。
    问:两国关系怎么样?
    A. 以前比现在好             B. 现在比以前好

12. 她女儿长得亭亭玉立,谁见了都夸。
    问:她女儿年龄最有可能多大?
    A. 七八岁                   B. 十七八岁

13. 诗人都多愁善感,我可当不了诗人。
    问:我们可以知道说话人的什么情况?
    A. 不容易被感动             B. 很容易被感动

14. 我每个月生活费很有限,看电影、泡酒吧都跟我无关。
    问:他的生活怎么样?
    A. 比较轻松                 B. 比较困难

15. 最近交通事故很多,自杀事件也不少。
    问:最近什么事情比较多?
    A. 杀人的事　　　　　　　　B. 交通事故

①气候条件在一定程度上能影响人类的容貌、身高、行为、性格等特征。

②首先说说容貌。大家公认杭州姑娘长得漂亮,其中气候起了很大作用。一方面,夏天杭州气候炎热、潮湿,这是因为有温暖、潮湿的风从海面吹来。潮湿的气候促进了身体的新陈代谢,使人成熟较早,所以杭州女子十多岁便亭亭玉立。另一方面,杭州的晴天不太多,几乎有半年时间都是云雾天气,所以人们接受的阳光相对较少,白白的皮肤,显得很细腻。

③接着谈谈身高。阳光照射时间越长,对身高发育越有利。北京的年日照时数为2778.7小时,人们身材比较高大;武汉2085.3小时,身高就要差一点;广州不到2000个小时,身高相对来说就又要差一点。一般来说,我国东部地区城市居民的平均身高自北而南逐渐由高到矮。四川盆地和云贵高原,经常是阴天、雨天,或者是云雾天气,年日照时数是我国最少的。四川男子平均身高居全国倒数第二,女子倒数第三。

④下面说行为。干热风较多的时候,人会变得紧张、容易生气,交通事故也会因此增多。根据研究,气温升高,容易引起暴力犯罪,而在阴雨天气时,暴力犯罪会减少;如果空气中云量增多,盗窃犯罪也会增多,而气压降低,则容易发生自杀事件。

⑤最后谈性格。在热带地区,由于人们在外面活动时间长,加上气温高,人就容易生气。在寒带地区,在外面的活动时间短,大部分时间人们只能在有限的空间里跟人相处,往往具有较强的耐性,性

格比较温和,如因纽特人被人们称为"永不发怒的人"。生活在山区的居民,因山高人少,养成了说话声音大的习惯,性格大多比较直爽。生活在草原上的牧民,由于风沙大,气候多变,他们常骑马活动,性格豪放,热情好客。而生活在水乡的人们,在湿润的气候以及美丽的自然景色的环境条件下,一般比较多愁善感。

(据《人与自然》《文萃》文章改写)

## 练 习

一、听课文,简单回答下列问题:

1. 本文谈论的主要话题是什么?

2. 课文提到了什么方面的情况?

二、听第一、二段,选择正确答案:

1. 下面哪句话正确?
   A. 气候使人容貌漂亮　　B. 杭州的姑娘个子高
   C. 皮肤白是因为温暖、潮湿　　D. 成熟早是因为温暖、潮湿

2. 下面哪句话不正确?
   A. 杭州夏天很热　　B. 杭州美女多是因为气候原因
   C. 潮湿气候使人成熟早　　D. 阳光少使人皮肤不好

三、听第三段,选择正确答案:

1. 下面哪句话正确?
   A. 日照时间长,个子就会高
   B. 中国北方日照时间比较少
   C. 中国东部地区的人个子比较高
   D. 南方人比北方人高

2. 北京、武汉、广州这三个地方的人身高由矮到高顺序是什么?
  A. 北京—武汉—广州  B. 北京—广州—武汉
  C. 广州—武汉—北京  D. 武汉—广州—北京

四、听第四段,选择正确答案:
1. 这段话在谈什么?
  A. 交通事故的情况  B. 自杀事件的情况
  C. 天气对人的影响  D. 气温对人的影响

2. 下面哪句话正确?
  A. 阴雨天气容易有暴力犯罪  B. 多云天气容易有盗窃犯罪
  C. 气压高容易发生自杀事件  D. 气温低容易引起暴力犯罪

五、听第五段,选择正确答案:
1. 这段话在谈什么?
  A. 不同地区的情况  B. 热带地区的情况
  C. 草原牧民的性格特点  D. 山区居民的性格特点

2. 下面哪句话正确?
  A. 热带地区的人们性格温和  B. 山区的人们容易生气
  C. 草原上的人们很热情  D. 牧民比较多愁善感

六、跟读句子并填上正确的词语:
1. 大家_____杭州姑娘长得漂亮,其中气候是起了很大作用的。
2. 四川男子平均身高居全国_____第二。
3. 气温升高,容易引起_____犯罪。
4. 大部分时间人们只能在_____的空间里跟人相处,往往具有较强的耐性。
5. 在_____的气候以及美丽的自然景色的环境条件下,一般比较多愁善感。

七、补充练习：

1. 这十天我们都住在一起,参加训练,在一定程度上增进了了解,加深了友谊。

   问：从这句话,我们可以知道他们什么情况？
   A. 以前是邻居　　　　　　B. 总是一起学习
   C. 现在友谊比以前深　　　D. 以前就很了解

2. 住在校内的好处有很多,一方面是近,可以节省不少时间,另一方面是学校有很多食堂,吃饭不成问题,当然也很安全,还容易交朋友。

   问：住校内的好处提到了几个？
   A. 3个　　　　　　　　　B. 2个
   C. 4个　　　　　　　　　D. 5个

3. 男：一般而言,女的总是喜欢找一个比自己个子高一点,年龄大一点,工资多一点的丈夫。

   女：哟,看来咱们不一般哪！

   问1：他们最可能是什么关系？
   A. 恋人　　　　　　　　　B. 朋友
   C. 夫妻　　　　　　　　　D. 父女

   问2：下面哪句话正确？
   A. 女的希望男的比自己强　　B. 男的有些条件不太好
   C. 男的有点不好意思　　　　D. 女的觉得男的很了不起

   问3：女的是什么语气？
   A. 高兴　　　　　　　　　B. 开玩笑
   C. 生气　　　　　　　　　D. 难过

4. 男：这所中学教师优秀、设备先进，加上周围环境不错，人们都把它看成最理想的学校。

   女：是啊，要是换一所学校，倒是便宜了，可孩子也就耽误了。这里虽然贵点远点，不过也没什么。

   问1：他们在谈论什么话题？
   A. 学费　　　　　　　　B. 教师质量
   C. 学校的条件　　　　　D. 学校周围的环境

   问2：关于这所学校，下面哪句话不对？
   A. 人们都愿意送孩子来　　B. 学校里很漂亮
   C. 收费比较高　　　　　　D. 路有点远

   问3：女的是什么观点？
   A. 应该换一所便宜点的学校　B. 学校太远，担心孩子迟到
   C. 应该去这所学校　　　　　D. 最好让学校降一点学费

八、请听用快速朗读的课文。

# 练习参考答案

## 第一课

**攻克生词**

1. B   2. B   3. B   4. A   5. B   6. A   7. A   8. A
9. A   10. B   11. B   12. B   13. A   14. A   15. B

**练习**

一、√未名湖　　　√办公楼　　　学一食堂　　　√第二体育馆
　　物理系　　　√历史系　　　学生宿舍　　　√大讲堂
　　√理科教学楼　文科教学楼　√图书馆

二、

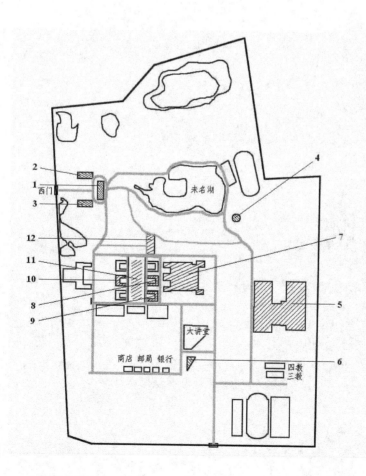

三、1. 办公楼　　　2. 外文楼　　　3. 化学北楼　　　4. 博雅塔
　　5. 理科教学楼　6. 三角地　　　7. 图书馆　　　　8. 中文学
　　9. 哲学系　　　10. 历史系　　 11. 静园　　　　 12. 俄文楼

四、1. 对　　2. 错　　3. 错　　4. 对　　5. 对　　6. 错

五、1. 中式　　2. 标志　　3. 挨　　4. 面积　　5. 大型

六、1. A. G
　　2. C. F
　　3. A. 小路里面第三家
　　4. B. 两个村子中间有山

## 第二课

**攻克生词**

1. B　2. B　3. B　4. A　5. A　6. B　7. B　8. A
9. B　10. A　11. B　12. A　13. A　14. B　15. B

练习

一、(一) 1. 今天夜间和明天白天/今晚八点到明晚八点
　　　　2. (略)
　　(二) 1. A. 变好
　　　　2. D. 没有说
　　　　3. B. 西北风
　　　　4. D. 已经是秋天了
　　　　5. D. 23 度
　　　　6. D. 本周后期会比今天暖和
　　　　7. C. 大部分地区是阴天
　　(三) 1. 多云　12
　　　　2. 小雨　阴
　　　　3. 多云　12
　　　　4. 晴　　13　　23

二、(一) 1. B. 电视上的

2. D. 11月

3. A. 最近两周天气差不多

(二)

### 中国地图

三、城市天气预报：

四、1. A. 这个晚会是给毕业生开的
   2. 问1：C. 最高9摄氏度
      问2：B. 可能下雪
      问3：B. 空气不好
   3. 问1：D. 带伞了
      问2：A. 没看天气预报
   4. 问1：A. 是足球迷
      问2：D. 整个家庭
      问3：A. 家里人抢电视看

# 第三课

攻克生词

1. B  2. A  3. A  4. A  5. A  6. A  7. A  8. A
9. A  10. A  11. B  12. A  13. B  14. A  15. A

练 习

一、1. A. 准备停车　　　2. D. 对等车的人

二、1. B. 买票不找钱　　2. C. 对刚上车的人

三、1. A. 快到复兴门了　2. B. 停车时间比较短

四、1. C. 地铁　　　　　2. B. 站台在车的右边

五、1. C. 21:56　　　　 2. C. 22:07

六、1. A. 广州到北京　　2. D. 6:37
　　3. A. 一天一夜

七、1. A. 登机　　　　　2. A. 不能带的物品

八、1. B. 托运不要钱　　2. A. 托运的重量

九、1. 注意安全　　2. 按顺序　　　3. 抓紧
　　4. 晚点　　　　5. 出示　　　　6. 免费

十、1. 问1：B. 火车上　　问2：A. 刚开车的时候
　　2. 问1：A. 下雨　　　问2：A. 上午　　　　　问3：D. 吃东西
　　3. 问1：B. 书多　　　问2：D. 喜欢书　　　　问3：B. 同年级同学
　　4. 问1：C. 听音乐会　问2：B. 走二环比较快　问3：B. 走二环

# 第四课

**攻克生词**

1. B　2. A　3. A　4. B　5. A　6. A　7. B　8. A
9. B　10. B　11. A　12. B　13. B　14. A　15. B

练 习

一、(一) 1. 服务台和客人的对话
　　　　 2. 有没有房间
　　(二) 1. B. 两个单人间
　　　　 2. A. 标准间

3. 没有订

二、(一) 1. 没有
       2. 一位
       3. 标准间
   (二) 1. D. 这里在搞一个活动
       2. C. 以后换房间
       3. B. 有个客人今天可能要走
       4. D. 不要钱

三、(一) 1. 一位
       2. 带卫生间的三人房间
       3. 比较差
   (二) 1. C. 跟其他一样
       2. A. 每天两次
       3. D. 没有热水
       4. C. 提前走可以退钱
       5. D. 可以再住一个人
       6. A. 冬天

四、1. 标准间    2. 住宿    3. 赶上    4. 退房
    5. 说不好   6. 填     7. 浴室   8. 多退少补

五、1. 问1：B. 商店              问2：C. 不一定买
    2. 问1：B. 马上要到国庆节了   问2：D. 还没有决定
    3. 问1：B. 硕士生            问2：A. 经济条件不太好
    4. 问1：D. 很差              问2：B. 美人跳舞
       问3：A. 男的觉得自己的画非常好
    5. 问1：A. 很便宜            问2：B. 饭店比食堂好
       问3：B. 以为女的不怕洗碗   问4：C. 同学

## 第五课

### 攻克生词

1. B   2. A   3. B   4. B   5. A   6. B   7. A   8. B

9. B   10. A   11.B   12. A   13. B   14. A   15. A

练习

一、1. 找北京天科公司
    2. 查号台、天科公司总机、天科公司分机

二、1. B. 天科公司
    2. D. 公司没有登记
    3. A. 记错了公司名字

三、1. B. 要修洗衣机
    2. A. 电话通了以后，男的又拨了零

四、1. B. 2
    2. D. 不工作了
    3. A. 明天上午有事儿
    4. B. 今天比较忙

五、1. 登记   2. 记录   3. 维修   4. 型号   5. 确定   6. 暂时

六、1. B. 打算等退票
    2. B. 两个
    3. 问1：C. 女的觉得很好看
       问2：C. 张梅很懂电影
    4. 问1：A. 要写东西
       问2：C. 男的会修电脑
       问3：B. 不想修了

# 第六课

攻克生词

1. B   2. A   3. B   4. B   5. B   6. A   7. B   8. A
9. A   10. B   11.B   12. A   13. A   14. B   15. A

练习

一、1. 一个大学生

2. 自己的钱都干了什么
3. 买书、吃饭、买衣服

二、1. C. 花钱很节约
2. D. 父母对他有意见

三、1. A. 书价太贵了
2. A. 可以帮助谈恋爱

四、1. B. 得到好的评价
2. C. 他也觉得衣服买多了

五、1. 对　　2. 错　　3. 对　　4. 对　　5. 错　　6. 对

六、1. 基本上　2. 交流　3. 心爱的　4. 热情　5. 缺乏　6. 流走

七、1. D. 闹矛盾很正常
2. B. 不了解李小芳
3. A. 唱了英文歌
4. 问1：C. 不喜欢记者的问题
   问2：B. 男的很同情女的
5. 问1：C. 时间
   问2：C. 男的昨天写的东西都没有了
   问3：B. 大风造成了长时间停电

## 第七课

**攻克生词**

1. A　2. A　3. B　4. A　5. B　6. B　7. A　8. B
9. A　10. A　11. B　12. A　13. B　14. A　15. B

**练习**

一、1. 赵一凡
2. 打球、跳舞、上网、玩电脑、唱卡拉OK、收藏、摄影等

二、1. D. 不知道是谁

  2. C. 赵一凡小时候学习过乒乓球

三、1. B. 天天运动
  2. B. 不熟
  3. C. 学习时间太少
  4. D. 女的觉得赵一凡了不起

四、1. C. 不太好
  2. A. 看了比赛
  3. A. 刚开始学摄影
  4. B. 想拍出好风景
  5. C. 写作

五、1. 冠军　2. 专业　3. 擅长　4. 收藏　5. 负责　6. 数码

六、1. 问1：D. 去找工作
   问2：A. 今天穿得比较正式
  2. 问1：C. 好的地方很多
   问2：A. 不太舒服
  3. 问1：C. 杨东的妻子
   问2：D. 杨东觉得大人玩玩具很好
  4. 问1：A. 鼓励
   问2：D. 可以用汉语跟人交流
   问3：B. 男的对"汉语桥"比赛比较了解

## 第八课

**攻克生词**

1. B  2. A  3. B  4. B  5. A  6. B  7. A  8. B
9. B  10. B  11. A  12. B  13. A  14. A  15. B

**练习**

一、1. 租房的情况
  2. 为了学习、因为兼职、因为同居

二、1. B. 开学前一个星期

2. D. 很多人都在租房子
3. C. 安静地学习

三、1. A. 和大家生活习惯不一样
2. B. 父母帮他付房费

四、1. B. 在假期和开学后都要工作
2. C. 很多人因为兼职而租房

五、1. A. 广告非常少
2. C. 想看看租房子的情况

六、1. 布告　　2. 夜猫子　　3. 兼职　　4. 关键　　5. 寂寞

七、1. C. 现在还有很多人喜欢听收音机
2. 问1：B. 女的让男的每天跑步
　 问2：C. 邻居
3. 问1：C. 秋天
　 问2：D. 冬天
4. 问1：B. 中央广场附近
　 问2：B. 租了朋友的房子
　 问3：A. 在打工

## 第九课

**攻克生词**

1. B　2. B　3. A　4. A　5. A　6. B　7. B　8. A
9. A　10. B　11. B　12. B　13. A　14. A　15. B

**练习**

一、(一) 1. 学生集体宿舍
　　　 2. 有没有必要买电视/买旧电视的好处
　　(二) 1. D. 和同屋合买的
　　　 2. D. 还没考虑
　　　 3. C. 可以了解中国人的生活
　　　 4. A. 认为时间太短不值得

5. C. 女的想请男的帮忙买电视

(三) 1. 带　2. 够本　3. 字幕　4. 合适　5. 笨　6. 好买

二、(一) 1. 买东西和卖东西的人
　　　　2. 转让旧物
(二) 1. A. 看见外面的广告
　　2. D. 电视、DVD 机
　　3. C. 买的东西比较多
　　4. B. 加一点东西
　　5. B. 学生
(三) 1. 保养　2. 标价　3. 痛快　4. 给钱就卖　5. 搬

三、1. D. 参加当地的一些活动
2. 问 1：C. 自行车　　问 2：B. 觉得车用得很值得
3. 问 1：B. 买东西　　问 2：C. 不知道哪天走
4. 问 1：C. 不能便宜　问 2：D. 每次都赠送礼品
5. 问 1：A. 学校
　 问 2：B. 没有地方放
　 问 3：C. 更喜欢交朋友
　 问 4：B. 认为李伟卖东西的方法很奇怪

# 第十课

**攻克生词**

1. A　2. A　3. B　4. A　5. B　6. B　7. A　8. A
9. A　10. B　11. A　12. B　13. A　14. B　15. A

**练　习**

一、1. 有些东西为什么卖得便宜
　　2. 三种(促销、季节性打折、清理积压商品)

二、1. D. 认为可能质量不好
　　2. A. 接近保质期的最好不要买
　　3. D. 质量不好

三、1. C. 季节过了一半的时候

2. B. 季节性降价的商品都是滞销品

四、1. C. 买高科技产品要小心
   2. C. 要弄清便宜的原因

五、1. 对    2. 错    3. 对    4. 错    5. 错

六、1. 俗话   2. 成本   3. 保质期   4. 表面   5. 毛病   6. 怀疑

七、1. A 送人
   2. 问1：B. 刘强
      问2：A. 不到三点
   3. 问1：B. 打算离婚
      问2：C. 不希望这样
   4. 问1：D. 四个
      问2：B. 现在不买房
      问3：C. 很喜欢自己住的地方

## 第十一课

**攻克生词**

1. A   2. B   3. A   4. B   5. B   6. A   7. A   8. B
9. A   10. A   11. A   12. A   13. B   14. A   15. B

**练习**

一、听课文，简单回答下列问题：
   1. 高兴得睡不着觉
   2. 交通问题

二、1. C. 坐地铁
   2. B. 担心堵车
   3. C. 200多万辆
   4. A. 有了自己的车很方便

三、1. D. 这个城市的汽车并不多
   2. B. 单向通行的路太少

3. C. 节约修路成本
4. D. 没有表示意见

四、1. C. 通过电脑
2. A. 人们在住处附近工作
3. A. 建设新城市
4. C. 反对

五、1. 随时   2. 干脆   3. 走不动   4. 拥有率   5. 交叉   6. 彻底

六、1. B. 在火车上没有座位
2. 问1：C. 父女
   问2：B. 要不要换新家具
3. 问1：A. 很难通过
   问2：D. 比较长
4. 问1：D. 上课的路太远，迟到了
   问2：A. 买一辆好自行车
   问3：D. 不担心被偷
   问4：B. 比较好

## 第十二课

**攻克生词**

1. A   2. B   3. A   4. B   5. B   6. A   7. A   8. B
9. B   10. A   11. A   12. A   13. B   14. A   15. A

**练习**

一、1. 三则
2. 保护动物、保护环境

二、1. B. 拍照片
2. A. 受伤了
3. C. 管理处

三、1. A. 向游客宣传
2. D. 大象、狼、熊
3. C. 是个宣传的好地方

四、1. A. 乌鲁木齐
　　2. B. 天气不好
　　3. D. 道路被堵住

五、1. 朋友 家园　　2. 危害　　3. 脱离
　　4. 提醒　　5. 猜测　　6. 清理

六、1. D. 要注意安全
　　2. B. 人们太不注意健康问题
　　3. 问1：D. 想有更多的经验　　问2：C. 批评
　　4. 问1：A. 不太清楚出了什么事　　问2：B. 这次不举行了
　　5. 问1：B. 空巢家庭的形成原因　　问2：A. 上海人
　　　 问3：C. 没有和父母在一起　　问4：D. 房子太小

## 第十三课

**攻克生词**

1. A　2. B　3. B　4. A　5. B　6. A　7. B　8. B
9. B　10. A　11. A　12. B　13. B　14. A　15. A

**练习**

一、1. 什么人说话多
　　2. 两个

二、1. D. 男性分不清女性的语调
　　2. B. 男女的交流方式有差别

三、1. B. 进化
　　2. C. 通信

四、1. B. 6~12岁的儿童
　　2. A. 17~20岁的儿子

五、1. 对　2. 对　3. 错　4. 对　5. 错

六、1. 平均　2. 唠叨　3. 明显　4. 考古学家

七、1. C. 明天晚上
    2. C. 写作
    3. 问1：D. 家长和孩子想法不同
       问2：D. 孩子们希望自己的时间多一点
    4. 问1：B. 到了新的学校
       问2：A. 孩子懂事是因为父母教育得好
       问3：B. 孩子懂事跟交朋友关系不大

## 第十四课

**攻克生词**

1. B    2. B    3. A    4. B    5. A    6. B    7. B    8. A
9. B    10. B   11. A   12. B   13. A   14. B   15. A

**练习**

一、听课文，简单回答下列问题：
  1. 休闲食品的情况
  2. 各国的儿童、男性和女性、大人和孩子

二、1. B. 很多人认为休闲食品不利于健康
    2. C. 一日多餐加上一些休闲食品

三、1. B. 先吃水果后吃正餐
    2. A. 吃休闲食品的历史

四、1. D. 不同国家的儿童
    2. D. 英国人不是一日三餐
    3. B. 4.7次

五、1. B. 休闲食品很有营养
    2. C. 软饮料、三明治、水果

六、1. 错   2. 对   3. 对   4. 错   5. 错

七、1. 零食   2. 有益   3. 分享   4. 提供   5. 能量

八、1. B. 晚上
　　2. D. 21 世纪也有人不相信科学
　　3. 问 1：A. 抱怨　　　　　　　　　问 2：A. 男的没办法帮助女的
　　4. 问 1：B. 听收音机　　　　　　　问 2：D. 可以有朋友
　　　 问 3：C. 男的认为有人一起学习很好

## 第十五课

**攻克生词**

1. B　　2. B　　3. A　　4. B　　5. B　　6. A　　7. A　　8. B
9. A　　10. A　　11. B　　12. B　　13. A　　14. B　　15. B

**练习**

一、1. 气候与人类的生活
　　2. 容貌、身高、行为、性格

二、1. D. 成熟早是因为温暖、潮湿
　　2. D. 阳光少使人皮肤不好

三、1. A. 日照时间长，个子就会高
　　2. C. 广州—武汉—北京

四、1. C. 天气对人的影响
　　2. B. 多云天气容易有盗窃犯罪

五、1. A. 不同地区的情况
　　2. C. 草原上的人们很热情

六、1. 公认　2. 倒数　3. 暴力　4. 有限　5. 湿润

七、1. C. 现在友谊比以前深
　　2. C. 4 个
　　3. 问 1：C. 夫妻　　　　　　　　　问 2：B. 男的有些条件不太好
　　　 问 3：B. 开玩笑
　　4. 问 1：C. 学校的条件　　　　　　问 2：B. 学校里很漂亮
　　　 问 3：C. 应该去这所学校